作者简介

万　琳，盘龙城遗址博物院院长、研究馆员。主要研究方向为博物馆管理与研究。著有《南土遗珍》等，在《考古》《江汉考古》《中国博物馆》等核心期刊上发表多篇论文，主持策划盘龙城遗址博物院基本陈列。

李　琪，盘龙城遗址博物院考古研究部副主任、馆员。主要研究方向为展览陈列、博物馆学。在《中国博物馆》等期刊上发表多篇论文，策划"色如天相　器传千秋——中国古代绿松石文化展"等多个展览。

缪斯
MUSE
文库

本书由中国博物馆协会与腾讯基金会"腾博基金"资助

江汉泱泱 商邑煌煌

The Broad Yangtze River and
the Hanshui River

Magnificent Town of
the Shang Dynasty

盘龙城遗址博物院
基本陈列
策展笔记

万　琳　李　琪　等著

ZHEJIANG UNIVERSITY PRESS
浙江大学出版社
·杭州·

图书在版编目（CIP）数据

江汉泱泱 商邑煌煌：盘龙城遗址博物院基本陈列
策展笔记/万琳等著.—杭州：浙江大学出版社，
2023.11（2024.4重印）
（中国博物馆陈列展览精品·策展笔记）
ISBN 978-7-308-23700-0

Ⅰ.①江… Ⅱ.①万… Ⅲ.①博物馆—古城遗址（考
古）—陈列—策划—武汉—商代 Ⅳ.① G269.276.31

中国国家版本馆CIP数据核字（2023）第071189号

江汉泱泱 商邑煌煌
盘龙城遗址博物院基本陈列策展笔记
JIANG-HAN YANGYANG SHANGYI HUANGHUANG:
PANLONGCHENG YIZHI BOWUYUAN JIBEN CHENLIE CEZHAN BIJI
万 琳 李 琪 等著

出 品 人 褚超孚
项目负责 陈 洁
策划编辑 张 琛 陈佩钰 吴伟伟
责任编辑 陈佩钰（yukin_chen@zju.edu.cn）
文字编辑 刘婧雯
责任校对 汪 潇
封面设计 程 晨
责任印制 范洪法
出版发行 浙江大学出版社
（杭州天目山路148号 邮政编码：310007）
（网址：http://www.zjupress.com）
排 版 浙江大千时代文化传媒有限公司
印 刷 杭州捷派印务有限公司
开 本 710mm×1000mm 1/16
印 张 15.25
字 数 226千
版 印 次 2023年11月第1版 2024年4月第2次印刷
书 号 ISBN 978-7-308-23700-0
定 价 88.00元

总 序

　　在社会主义文化强国建设的进程中，博物馆扮演着中华文明优秀成果守护者、传承者与传播者的重要角色。作为博物馆教育与传播的核心媒介，陈列展览成为博物馆守护文化遗产、传承中华文明、讲好中国故事的关键工作。好的陈列展览离不开好的策展工作。策展是构建陈列展览的过程，是通过逻辑和观念的表达，阐释文物藏品的多元价值，构建公众与遗产之间的对话空间，激发广泛社会价值与文化价值的思维和组织活动。博物馆策展的理论与实践水平，很大程度决定了陈列展览的思想境界、文化内涵、艺术品位与传播影响。因此，博物馆策展的学术研究和业务能力建设是提高博物馆陈列展览工作业务水平和影响效果的重要途径；某种意义上，也是促进我国博物馆事业高质量发展的关键所在。

　　"中国博物馆陈列展览精品·策展笔记"丛书的出版，正是源于对上述问题的思考。作为我国博物馆行业发展的协调者与促进者，中国博物馆协会长期致力于博物馆展陈质量建设和策展能力提升。在持续不断的摸索和实践中，许多博物馆同仁建议我们依托"全国博物馆十大陈列展览精品推介活动"，围绕一批业内公认的具有较大影响力与鲜明特色的获奖展览项目，邀请策展团队，形成有关策展过程和方法的出版物。在不断的讨论中，我们逐渐明确：这种基于展览策划的出版物，显然不同于博物馆中常见的对于展览内容及重点文物介绍的"展览图录"，而更适合被称为"策展笔记"。

　　所谓"策展笔记"，一方面，要聚焦"策展"的行动内容，也就是要透过展览看幕后，核心内容是展览从无到有的建设过程，尤其要重点讲述展览选题、前期研究、团队组建、框架构思、展品组织、形式设定、艺术表达、布展制作等当代博物馆展览策划的核心流程及相关体会。另一方面，要突出"笔记"的内涵风格。如果与记录考古工作的过程、方法与认识的"考古报告"相类比的话，"策展笔记"则是对陈列展览的策展过程、方法与认识的重点记录。与此同时，作为与"随笔""札记"等相似的"笔记"文体，也应带有比较强烈的主观性、灵活性和较高的自由度，宜以第一人称的口吻展开，重在呈现策展的心路历程与思考感悟，而不苛求内容体系的完整性与系统性；重在提炼策展的经验、理念、亮点，讲好值得分享的策展专业理论、专业精神、专业态度和专业手法等。我们相信，这样的"策展笔记"，不但可以作为文博行业了解我国文博系统优秀展览的"资料工具书"，也可以作为展陈从业者策展创新借鉴的"实践参考书"，还可以作为普通大众的"观展指南书"，帮助他们了解博物馆幕后工作，更好领略博物馆展陈之美。

丛书第一辑收集了2019—2021年度全国博物馆十大陈列展览精品推介的代表性获奖项目，覆盖全国不同地域，涵盖考古、历史、革命纪念等不同类型。由于缺乏经验借鉴，加之展览类型的多元性、编写人员构成的差异性等，在撰稿与统稿过程中，我们遇到了远超预期的挑战。这些挑战包括但不限于：如何平衡丛书的整体风格与单册图书的个体特色；如何兼顾写作内容的专业性特质与写作表达的大众性要求；如何将策展实践中的"现象描述"转化为策展理念的"机制提炼"，充分体现策展的创新点和价值点；如何实现从"报告思维"向"叙事思维"的转型，生动讲述策展的动人细节；如何在分析个案内容的同时对行业的普遍性、典型问题进行有效回应，发挥好优秀展览的示范作用；如何解决多人撰写所产生的文风不统一问题，提高统稿工作的质量和效率；等等。幸运的是，在各馆撰稿团队的积极配合下，在专家的有力指导下，我们通过设定指导性原则、确定写作指南、优化统稿与编审机制等途径，一定程度克服了上述挑战难题，基本完成了预期目标。

这套丛书的问世，离不开撰稿人、专家和编辑的辛勤劳动。我们衷心感谢北京鲁迅博物馆（北京新文化运动纪念馆）、中国人民革命军事博物馆、山西博物院、吴中博物馆、扬州中国大运河博物馆、杭州市萧山跨湖桥遗址博物馆、山东博物馆、湖北省博物馆、盘龙城遗址博物院、成都武侯祠博物馆、陕西历史博物馆、秦始皇帝陵博物院、和田地区博物馆等博物馆策展团队撰稿人的精彩文本。同时，我们衷心感谢南京博物院理事长、名誉院长龚良，复旦大学文物与博物馆学系主任陆建松，浙江大学艺术与考古学院教授严建强，北京大学考古文博学院教授宋向光，上海大学现代城市展陈设计研究院执行院长李黎，西安国家版本馆（中国国家版本馆西安分馆）副馆长董理，清华大学美术学院副教授李德庚等多位学者、专家的认真审读与宝贵的修改建议。感谢浙江大学出版社董事长、党委书记、总编辑褚超孚，以及社科出版中心编辑团队的细致审校和精心编辑，他们的工作为丛书的顺利出版提供了坚实的保障。浙江大学艺术与考古学院"百人计划"研究员毛若寒博士在这套丛书的方案策划、组织联络、出版推进等方面，用力尤勤，付出良多。此外，还有许多在本丛书筹划、编辑、出版过程中给予帮助的专家、老师，无法一一列举，在此谨对以上所有人员致以最真挚的感谢和敬意。

严建强教授在一次咨询会上曾对这套丛书给过一个很高的评价，认为它是当代博物馆专业化建设的一个重要的里程碑。对于这个赞誉，我们其实是有点愧不敢当的。我们很清楚，丛书第一辑的整体质量还有待提升，离"里程碑"的高度存在一定差距。但通过第一辑的编辑出版，我们为接下来的第二辑、第三辑的编写积累了经验、增强了信心。今后，我们会继续紧扣"策展笔记"作为"资料工具书""实践参考书"与"观展指南书"的核心功能定位，继续深化对于博物馆展览策展笔记的属性、目标、功能、内涵、形式等方面的认知，努力通过策展笔记的编写，带动全行业策展工作专业水平的整体提升。这虽然是一件具体的事情，但对构建博物馆传承与展示中华文化的策展理论体系和实践创新体系，推动博物馆守护好、展示好、传承好中华文明优秀成果，为博物馆事业的高质量发展、为建设社会主义文化强国不断做出新贡献，是很有积极意义的。我们相信，有全国博物馆工作者的积极参与，我们一定能把这套丛书做得更好，做成中国博物馆领域的著名品牌。

　　是为序。

刘曙光

中国博物馆协会理事长

江 汉 泱 泱　商 邑 煌 煌

世纪
century

The Broad Yangtze River and
the Hanshui River
Magnificent Town of
the Shang Dynasty

20 世纪 60-70 年代
中期的重要发现
MAJOR DISCOVERIES
DURING 1960S-MID 1970S

1963 年，盘龙城进行了首次考古发掘。1974 与 1976
年宫殿基址和大型贵族墓葬的发现，确立了盘龙城遗址在
中国商代考古中的里程碑地位。

The year of 1963 saw the very first archaeological excavation at
Panlongcheng. The discovery of the foundation of the palaces
in 1974 and 1976 as well as top-elite tombs have confirmed the
position of Panlongcheng in the subject of Shang archaeology in
China.

寻模大武
SEARCH
FOR THE GREAT

年代
years

60
年代
years

引　言

不畏浮云遮望眼

城遗址首次科学发掘
rst scientific excavation at Panlongcheng

，张云鹏从中国科学院考古研究所长江工作队来湖北省博物馆工作，率陈贤一按科学程序在盘龙城楼子湾进行了首次考古发掘，发掘商代墓葬 5 座，出土一批重要文物，并测绘了盘龙城遗址地形图。张云鹏英年早逝，由郭德维等人对这理，发表于《文物》1976 年第 1 期。

图绘地图上的"盘龙城"

■ 盘龙城地图——据自《张氏宗谱》

清代同治九年（公元 1870 年）编写的黄陂《张氏宗谱》，记载张氏先祖在宋元之际，从江西迁至黄陂盘龙城，在此世代繁衍生息。发清代中后期，盘龙城内建群有众姓坟墓 100 多座，城外阻是村湾和田地。

子湾真址出土部分文物

一、江湖风云起：策展契机

　　1954 年夏，一场百年不遇的特大洪水席卷了江城武汉，一时之间，城将倾覆，人为鱼鳖。为了保卫自己的家园，人们穷尽一切可能取土筑堤，一艘艘小船顺着日渐宽阔的水面，直抵城市西北郊，七八米高的土墙映入眼帘，简直是天赐的取土场。尘土飞扬之际，古老的陶片和锈蚀的青铜残片显露出来，消隐 3500 年的盘龙城遗址，在惊涛骇浪迫近之际重见天日。

　　此后，经过数十年的考古调查与发掘，基本厘清了遗址范围：盘龙城遗址分布在盘龙湖、破口湖与府河之间的低岗上，三面环水，曲折的湖岸线造就了多座隔湖相望的半岛型岗地。遗址保护范围 3.95 平方千米，其中重点保护区 1.39 平方千米，包括宫城城址、王家嘴、李家嘴、杨家湾、小嘴、楼子湾、艾家嘴等构成的遗址核心区与大邓湾、小王家嘴等岗地构成的一般保护区，发现有城垣、壕沟、宫殿基址群、贵族墓葬、铸铜手工业作坊等重要遗迹现象，展现出了商前期极高的社会发展水平。

　　盘龙城遗址的考古与保护历程可分为以下几个大的阶段。20 世纪五六十年代发现零星的墓葬和青铜器，中国科学院考古研究所长江工作队的试掘工作明确了这是一座商代早期城址，为随后工作的展开奠定基础。1974 年、1976 年，盘龙城迎来两次重大考古工作。北京大学和湖北省博物馆联合对遗址进行了科学发掘，先后发现了宫城大型基址和贵族墓葬区，基本探明了遗址的年代、性质和社会等级等问题。1975 年，湖北省博物馆在盘龙城建立考古工作站，此后开展了多次抢救性发掘工作。

　　2000 年，盘龙城遗址的管理权移交武汉市，并开始筹建盘龙城遗址博物院。

　　此后十几年间，遗址保护工作持续进行，但是博物院建设和成熟配套的展览却一直未有成形。

　　盘龙城遗址出土有青铜器、陶器、玉器等 3000 多件珍贵遗物，她是目前所见夏商时期长江中游规模最大的城址，是早期中原王朝向南扩张过程中建立的区域性中心聚落。盘龙城遗址的考古首次在长江沿线发现了一座属于中原青铜文化体系的城市聚落，展现了夏商时期中原王朝对长江流域的经略和开发历程，是中华文明多元一体发展格局的有力证据。

　　盘龙城遗址还发现有铸铜手工业作坊，表明在早商时期，长江流域已出现高度发达的青铜礼仪文化和复杂的青铜器生产活动。在整个长江流域，盘龙城最早成体系、成规模地使用青铜器，是之后长江流域青铜文化发展的起点。她是长江流域早期青铜文明中心，是长江与黄河同为中华文明摇篮的实证。

　　盘龙城遗址于 1956 年被公布为湖北省重点文物保护单位，1988 年被列入第三批全国重点文物保护单位，2001 年被评为"20 世纪中国 100 项重大考古发现"之一，2006 年被列入国家"十一五"重要大遗址保护项目，2021 年入选"中国百年考古百大发现"名单。其考古价值之高、文化价值之丰由此可见一斑。

　　在很长一段时间内，人们能够在武汉博物馆看到部分盘龙城文物，也能在湖北省博物馆盘龙城展厅欣赏到早年发掘的商代精美器物，却始终不能全面系统地了解盘龙城，与时俱进地更新对盘龙城的认识。再多的发现、再多的研究，对普通公众而言都很陌生，也很遥远。人人都知"三星堆"，很多武汉人却不曾听过"盘龙城"，即使盘龙城已被誉为"武汉城市之根"。

　　2009 年，国家文物局提出"国家考古遗址公园"概念，武汉重整旗鼓，决心建设好盘龙城国家考古遗址公园，做好盘龙城遗址保护与展示工作。2013 年，盘龙城国家考古遗址公园建设正式启动。

　　为了更好地展示盘龙城遗址历年考古发掘研究成果，揭示盘龙城文化在中华文明多元一体格局中的重要作用，策划一个系统全面、求真严谨、生动通俗的展览迫在眉睫。

二、一念心间存：策展理念

考古遗址类博物馆常设展览应当是一种怎样的展览？

考古遗址类博物馆不同于一般博物馆，它是依托考古遗址，以考古发掘、保护、研究、展示为主要功能的专题博物馆。这一特性，使得如何处理好遗址原状展示、遗址公园环境展示、博物馆建筑及遗址博物馆基本陈列之间的关系，成为策划考古遗址类博物馆展陈首先要考虑的问题。

从观众的角度看，国家考古遗址公园展示、遗址公园环境、遗址博物馆及其展陈，应当集旅游休闲、增加历史文物知识、培养兴趣情操等于一体。在展览策划之前，遗址本体保护与展示、遗址环境展示与博物馆建设都是基础。有了它们，基本陈列才有依托。这是一个综合性、系统性的工程，需要加强本体保护与展示、遗址公园环境展示、博物馆建筑、基本陈列之间的联系，形成四位一体的展示体系。

如果不解决好考古遗址公园的建设问题，与之对应的展览则有如空中楼阁，恐成无源之水、无本之木。我们首先从国家考古遗址公园建设入手，力争打造一个有盘龙城遗址特色的考古遗址公园。在我国，已经有一批相当优秀和成熟的考古遗址公园，但是每个遗址都有自己的特点，不可能照搬别人的成功经验。我们一步步摸索，努力寻找盘龙城国家考古遗址公园建设的独特路径。例如宫城区宫殿基址模拟展示工程是重点和难点。为了做好这一工程，我们可谓是绞尽了脑汁。一开始设计的模拟展示项目形式比较呆板，还"不服水土"，不到三个月就因暴雨冲刷而面目全非。一切的努力都化为泥水，没有办法，只能推倒重来。这一次，我们经专家重新评估，采用了时任盘龙城遗址博物院副院长刘森淼提出的形式创意，以及施工方北京怀建集团反复试验而成的新型材料，并采用新工艺，终于取得了成功，为南方地区土遗址模拟展示探索出了一条新路，得到了国家文物局领导和国内外专家及广大观众的普遍认可。经过反复的艰难求索，遗址宫城城墙、城壕等都取得了很好的展示效果，且让遗址公园保持原生态自然环境，盘龙城国家考古遗址公园终于获批挂牌。2017 年 12 月 2 日，在浙江慈溪举行的第三批国家考古遗址公园授牌仪式上，国家文物局授予盘龙城命名牌。至此，遗址本体保护展示与遗址公园环境展示两块基石，坚实落土。

　　盘龙城遗址博物院馆舍建设，则是一个"交钥匙"工程。通常，作为使用方，我们的意见很难被采纳。幸运的是，代建方和投资方充分尊重我们的想法，我们和建筑设计师的沟通也非常融洽，我们按展陈要求和实际工作需要，对馆址、建筑朝向、建筑风格、文化元素等方面提出了许多意见并被采纳。建筑坐北朝南，"半嵌入式"隐于山体之中，近观如古老的夯土城堡，远看则是一座树影婆娑的小山丘，整体风格和遗址十分协调。特别是覆土屋顶，既如一片抽象的考古探方，又可登顶观景，眺望遗址核心区这件博物馆最大的"藏品"。内部自然采光良好，通透宜人。第二展厅宽大的防弹景观视窗，将遗址和湖光山色有机引入观展流线序列之中，让观众有一种"盘龙城王者"的感受，这更是国内首创。这里后续成为游客到博物馆参观的重要体验区域，正如我们所愿。放眼望去，如今的盘龙城遗址博物院环境幽静、建筑优美大气，与雅俗共赏的高质量展览相映成趣、相得益彰。

　　处理好遗址原状展示、遗址公园环境展示、博物馆建筑及遗址博物馆基本陈列之间的关系以后，终于可以全心思考，什么样的展览才是一个真正意义上的考古遗址类博物馆常设展览？一个念头浮现于脑海中，越来越清晰明了，我们立志"以专业思路立意，以公众意识落地，兼顾学术性、艺术性、互动性"，打造一个独属于盘龙城的展览。真正的挑战才刚刚开始，出现在我们面前的是一个又一个难关。

三、矢志终不渝：策展历程

（一）第一关——前期规划不周

吸取遗址核心区保护展示项目实施过程中的经验和教训，我们意识到首先要做好顶层设计与规划。

博物院馆舍选址和设计之初，团队就开始着手构思建筑与陈列的关系。在最初的《盘龙城遗址保护总体规划》中，博物院建筑主体位于公园最北端，远离遗址核心区，严重削弱了观众的参观体验感和空间互动感，展览陈列与遗址核心区也无法形成文脉轴线与景观对话，并且这个方案需要动迁居民607户，成本不菲。

为了解决这一问题，避免展览和考古遗址脱节，充分彰显遗址博物馆展览"边发掘、边保护、边展示"的特色，我们会同专家意见，力争将馆舍南移至大邓湾遗址。新址位于一般保护区之内，并仅需动迁58户。在进行全面的考古勘探工作之后，明确了博物院建设区新址位于遗址边缘区，其下多为生土，几乎不见商代遗存和其他时段文化遗存，改址具备落地的可行性。选址调整后，盘龙城遗址陈列与遗址核心区互为呼应，观众在博物院室内外参观时都能与遗址互动，遗址核心区俨然成为盘龙城遗址博物院最大的"藏品"。

原本规划的3000平方米博物院建设面积，也几经论证，增加至16310平方米，为展览提供了相对充足的展示空间，并保证了配套的修复研究空间、公共宣传空间等。目前盘龙城发掘面积不足2%，馆舍面积的扩大，也为未来展览的改陈更新提供了保障。

（二）第二关——策展经验不足

　　作为一个新单位，刚刚着手策划展览的盘龙城遗址博物院，不仅"人丁稀少"，而且人员构成十分单薄。有的虽然主持策划过博物馆常设展览，有着丰富的管理调度经验，但在调入盘龙城之前，从未接触过考古遗址类博物馆，也并没有历史类专业背景，面对考古遗址类展览，同样是一个新手策展人。有的虽然有着几十年丰富的考古经验，也曾数次主持盘龙城遗址发掘工作，对盘龙城文化了解甚深，但对于策展却实非所长。

　　在展览商业化发展日益成熟的今天，将项目整体委托于展览公司也许可以迅速助我们脱离困境。但是经历了遗址保护展示工程的重重波折，我们深知，考古遗址类展示工作有着相当高的门槛，专业的事仍需要专业的人来做，一时的轻松并不是真正的轻松，并且出于对盘龙城遗址博物院未来长久发展的考虑，我们总要有过硬的策展能力，才能以临展辅助常展，为常设展览注入持久的生命力。在策展这件事上，再没有什么比一馆的常设展览策划更能"练兵"，无论再难，我们都坚定要走自主策展之路。

1.展览内容策划

　　我们打造了一支阵容强大的专家团队，为深入解读遗址文化、文物属性内涵，把握展览架构方向提供重要保障。我们努力寻求中国社会科学院考古研究所、北京大学、武汉大学等机构的各方面专家的支持。虽然没有聘书，但李伯谦、刘绪、陈星灿、徐天进、刘玉堂、唐际根、张昌平、方勤、王方等先生无私奉献，满怀一腔热情欣然成为盘龙城遗址基本陈列的顾问。李伯谦、刘绪先生为盘龙城遗址基本陈列确定了总体方向。徐天进、刘玉堂先生对陈列内容文本进行了修订，并在形式设计方面提出了不少宝贵意见。作为考古遗址类博物馆的先行者，金沙遗址博物馆积累了很多宝贵的经验，王方馆长更是将金沙遗址展览的成功经验无私传授给我们，为盘龙城展示内容和形式设计提出了很多好的想法，在展览中均被采纳。盘龙城遗址基本陈列实际上是国内庞大专家团队共同的作品，凝聚了先生们无数智慧与心血。

2.展览设计策划

为了增强盘龙城遗址博物院展览设计与布展力量，在武汉市文化和旅游局的支持下，借调在陈列布展方面经验丰富的武汉市中山舰博物馆刘新阳先生参与展览工作。

在博物院建筑规划设计之初，我们已经与展览设计团队保持着紧密联系，2017年，最终版大纲框架成形，我们第一时间在工地现场和设计团队反复构想展览空间布局规划，展览由三个相对独立的展厅共同构成，并且每个展厅都不设立柱，形成完全通透的展陈空间。这也是基于文本，对展线、展览重心、艺术风格、参观体验等多方面进行综合考虑，以及与设计团队反复沟通的结果。为后续的展览形式设计提供了完全适配的发挥空间。

不过最初的几套设计方案都比较平淡保守，不出错但也没有达到预期的出彩效果。经过和设计师的反复沟通协调，我们最终统一了设计思路：盘龙城遗址博物院展陈设计是一次有关当代展陈设计观念变革的探索与尝试。设计目标定位为"国际的、专业的、开放的"。

盘龙城遗址出土的文物，品种不多，器类单一，因时代较早，绝大部分体量不大，视觉效果差。设计师为此也是煞费苦心，在展柜形式、背景设计、场景运用、文物解读方面不断给出精彩创意。这种开放的设计风格，当时在同类博物馆中太过少见，起初甚至显得有些另类。但在内容策划团队与设计团队不断讨论磨合之下，传统与创新实现了平衡。这样的例子在展览中比比皆是。就拿第二展厅的陶器场景展柜来说，十几件陶器摆放得层次清晰、错落有致，加上后面的背景剪影，勾勒出一幅生动的盘龙城先民日常生活图，犹如一幅色彩绚丽的油画。记得中央电视台科教频道在盘龙城拍摄《探索·发现》节目时，著名主持人任志宏就是以这一展柜为背景，讲解盘龙城的考古发现的。在这个展览里，盘龙城出土的陶片都被当作"奢侈品"展出，获得最高礼遇，吸引观众注意力，我们努力将更多的文物信息传递给观众。总之，我们尝试着用现代技术展示古代文明，促使历史考古的真实性和陈列艺术的观赏性完美结合，期望观众来到盘龙城收获各种美的体验。

3.展览交流与学习

在策展过程中，我们向以金沙遗址博物馆为代表的同类优秀博物馆虚心请教，认真学习其策展经验，实地考察参观了诸多博物馆展览陈列。

在此期间，为扩大盘龙城遗址影响，加强学术交流，更重要的是，为获取观众对盘龙城遗址相关展览的观后感，我们积极将盘龙城文物送出去办交流展。2015年，赴上海崧泽遗址博物馆举办"盘龙城——武汉城市之根"展览；2016年7月至10月，赴三星堆博物馆参加"青铜的对话——黄河与长江流域商代青铜文明展"；2016年11月，和湖北省博物馆、武汉博物馆共同主办"南土遗珍——商代盘龙城遗址出土文物特展"；2017年，与中国社会科学院考古研究所、成都金沙遗址博物馆、三星堆博物馆、河南博物院等合作，在金沙遗址博物馆举办"玉汇金沙"展览。

一次次的交流与学习，也助力我们的策展团队迅速成长，走出"新手村"。

（三）第三关——执行人员不足

历史原因，盘龙城遗址博物院的人才梯队和结构是非常不合理的。2013 年，盘龙城国家考古遗址公园建设启动之时，全院只有两位具备专业博物馆知识和考古能力的人员。一个超过 3000 平方米的常展，仅有专家团队搭建的框架是远远不够的，最终决定展览质量的是每一位具体执行人员。当务之急是要解决人才短缺的问题。

一般来讲，展览策划需要方方面面的人才，然而考虑到盘龙城展览本身的特性，我们几经讨论，最终决定将宝贵的招聘名额大幅倾向于考古专业。从2015 年招录新人伊始，我们始终坚持着"学术立院"的原则。由于招人条件"苛刻"，几年来，我们通过公开招聘、专项选聘等方式招录了十余名来自西北大学、武汉大学、山东大学、南京大学、四川大学、中山大学等全国重点高校的考古专业研究生、本科生。由于坚持人才引进的标准，凡是能到盘龙城工作的，都是考古相关专业的优秀人才。我们在实践的过程中，将这些考古人淬炼成策展团队所需的种种专业力量。

策展布展工作时间紧、任务重，我们只能放手一搏找"捷径"——老将护航，小将出马，让这些不到 30 岁的年轻人大展拳脚。这是一批有着良好学术素养的小伙伴，他们一来到盘龙城，就立刻被安排了专业工作，查阅资料，编写陈列方案，令展览框架丰盈起来。团队里的这些年轻人很快进行了分工，有的负责展览文物的选择，对盘龙城库房上千件文物如数家珍；有的负责展览中多媒体展项的脚本撰写，成了多媒体艺术小专家；有的负责艺术品展项的管理，对装置艺术非常熟悉……为了对内容与形式进行及时有效的沟通，2017 年 7 月到 2018 年底，整个展览团队坚持每周一召开例会。在这持续一年半的例会中，有很多精彩的画面：展陈小组为了展标中一个用词而争论得热火朝天；讨论的话题从展柜中的背景设计到剪影人物的发型选择，从"钢网人"的密度大小到互动装置中的小图标设计；苦于形式设计师理解不了自己的想法，小伙伴们亲自上手绘制草图……博物院的这个年轻团队参与了展览中一点一滴的设计。经过思想碰撞后的内容和形式都成为展览中的亮点，凝聚了团队的智慧结晶。很难想象，在陈列布展和博物院建筑交叉施工的情况下，负责展览施工总体协调的是一位刚到而立之年的年轻人。她不仅要和专家们联系，将研究成果转换成展览语言，融入展览之中，还要调度本院各环节的进度，更难的是要对建筑施工单位不同的项目进行协调，如此千头万绪，压力重重，她依旧有条不紊，最终出色地完成了任务，直到展览开幕才终于松了一口气。在我们这个年轻的团队里，每一位小伙伴都是这样能打硬仗的，经过一个个项目的锻炼，如今他们已经成为盘龙城遗址博物院的中坚力量。

（四）第四关——发掘材料不足

盘龙城遗址博物院基本陈列不同于此前任何一个盘龙城的专题展览，更不是过往展览的简单集合，而是系统展现盘龙城遗址面貌的一次前所未有的展览。然而，理想很丰满，现实很"骨感"。在展览策划之初，我们就发现盘龙城以往考古发掘多聚焦于重点遗迹，旨在厘清遗址的年代、性质等基础问题，虽不乏许多配合基建的抢救性发掘，但仍缺乏聚落考古成果。可以说当时我们也不清楚盘龙城曾经有多少人，他们吃什么、喝什么，是如何铸造青铜器、建造宫殿、埋葬先人的，当时聚落的规模有多大，300年间人们如何迁移发展又最终走向了何方……

种种人们渴望知道与了解，会产生好奇的问题，我们并不能基于已有的考古成果悉数在展览中予以解答。为了讲好遗址故事、增强展览观赏性，也为了保证陈列展览的科学性和严谨性，自2013年开始，我们持续数年以服务大遗址保护与展示为目标，联合多家单位进行了大规模考古工作，对遗址范围有了准确认识；同时开

展了遗址水下地形测绘、勘探与试掘工作，对遗址聚落分布和景观变迁等问题
有了更深入的了解；对遗址聚落形态和布局、手工业生产、区域聚落形态分布
与互动等课题进行了重点研究，并围绕考古发掘资料和展览内容，开始了 20 余
个专项研究，涉及盘龙城遗址地理信息系统建设、宫殿建筑构造、埋葬习俗、
环境、水文、植被研究等方面。

与此同时，策展团队全力以赴，将扎实的学术研究、即时的学术成果转化
为展陈内容。

例如，展览将武汉大学遥感卫星地理信息系统数据进行图像化加工，呈现
盘龙城三个阶段的聚落分布状况，计算当时的盘龙城人口数据，并将各种数据
进行三维数字化处理，制作成多媒体影片展示盘龙城遗址公园概况。我们还将
遥感卫星地理信息系统数据与盘龙城建筑考古研究数据、盘龙城植被考古研究
报告结合，再现 3500 年前的盘龙城景观，并利用 VR（虚拟现实）技术展示，
让观众能够直观地了解 3500 年前盘龙城的风貌。

由于历史原因，盘龙城以往的出土文物分散于多家单位，盘龙城遗址博物
院自身馆藏文物并不丰富。为配合展览所做的考古发掘工作出土了一批重要文
物，其中包括数件"镇馆之宝"，在一定程度上也弥补了基本陈列文物不够丰
富的缺陷。

2019 年，盘龙城国家考古遗址公园、盘龙城遗址博物院正式对外开放。基
本陈列"江汉泱泱　商邑煌煌——盘龙城遗址陈列"获"第十七届（2019 年度）
全国博物馆十大陈列展览精品奖"殊荣。

江汉泱泱 商邑煌煌

The Broad Yangtze River and
the Hanshui River
Magnificent Town of
the Shang Dynasty

绿松石镶金饰件
Golden Ornament With Inlaid
Turquoise

商代
公元前 1600 - 前 1046 年
2014 年盘龙城杨家湾 17 号墓出土

盘龙城遗址博物院藏

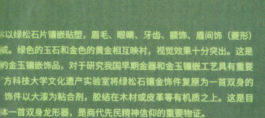

本以绿松石片镶嵌贴塑，眉毛、眼睛、牙齿、额饰、眉间饰（菱形）
成。绿色的玉石和金色的黄金相互映衬，视觉效果十分突出。这是
的金玉镶嵌饰品，对于研究我国早期金器和金玉镶嵌工艺具有重要
方科技大学文化遗产实验室将绿松石镶金饰件复原为一首双身的
饰件以大漆为粘合剂，胶结在木材或皮革等有机质之上。这是目
本一首双身龙形器，是商代先民精神信仰的重要物证。

一、展览概况

　　盘龙城遗址博物院基本陈列"江汉泱泱　商邑煌煌——盘龙城遗址陈列"，由盘龙城遗址博物院主办，武汉市文化和旅游局指导，天禹文化集团有限公司制作，投入经费 2800 余万元，历经多年打磨、修改，最终在 2019 年 9 月 27日正式与公众见面。基本陈列由三个展厅构成，展陈面积 3191 平方米，展线长约 673 米，展览文物 / 标本数量 677 件，珍贵文物 / 标本数量 177 件，借用文物 / 标本数量 198 件，辅助展品 75 件。

　　盘龙城遗址是商代南土中心城邑、长江流域早期青铜文明中心、武汉城市之根。展览依托考古研究成果，分三个部分向观众展示盘龙城的发现历程、文化面貌、人地变迁和重要价值，以创新性展览语言，讲述盘龙城的前世今生。

　　展览设计整体以"求索发现"为概念，观众穿梭于场景、展品、装置之中，逐渐清晰地勾勒出对盘龙城 300 年历史的想象与认知。碎片化的信息一点点拼接串联起来，引导观者共同去发现、去见证，在这里，我们一起踏上大武汉的寻根之旅。

　　今天的博物馆理应彰显时代的气质，摒弃陈旧的形式与非严肃性的手法，回到尊重博物馆严肃性的轨道上，客观、严谨、求实、科学地展现历史文化。即使很难准确地以某种形式语言来复述久远的商代历史，也要警惕反历史的设计行为，盘龙城遗址陈列紧扣"物"与研究信息的高效组合，直观而生动地引导观众探究历史。展览风格以"大气、庄重"为主，色调典雅。展览语言符合博物馆的基本语境，严肃而不失活泼，体现雅致和静逸的文化空间，避免过度娱乐化，强调"物"的内涵表达空间，尊重真实的考古研究成果，不做没有依据的想象式场景复原，杜绝滥用艺术装置。

图 2-1　盘龙城遗址博物院实景（组图）

　　通过策划展览，我们力争将盘龙城遗址博物院打造为全新的、国际一流的、具有独特而鲜明文化属性的考古遗址类博物馆（图 2-1）。

二、展览内容

　　展览主体由三个单元组成，分三个展厅展出，既相互独立，又彼此呼应。第一展厅"浪淘千古"，讲述了盘龙城遗址的发现、发掘、研究历程。第二展厅"故邑风物"，展示盘龙城遗址曾经的兴亡盛衰历程。第三展厅"角立南土"，系统展示盘龙城视野下的夏商王朝整体面貌。展览以丰硕的考古成果为支撑，引导观众从考古学视角出发，全面认知3500年前的盘龙城，领略商代先民的社会生活，以开阔的展示空间呈现盘龙城时代的广阔世界。

（一）浪淘千古

　　第一展厅又细分为三个单元，以盘龙城遗址与考古学的关系为线索，围绕盘龙城遗址的发现、研究及其与"武汉城市之根"的渊源展开（图2-2）。

　　甫一走进展厅，多媒体投影配合实体沙盘，在短短一分钟内，引导人们迅速熟悉盘龙城遗址的地理位置和几十年来多个遗址点的重要考古发现，随着基本时空框架在脑海里搭建起来，我们一步步走近盘龙城。

　　第一单元：发现盘龙城。系统回顾盘龙城遗址的发现历程。1954年的一场洪水，让盘龙城重见天日。千年的沉淀，仿佛只是小寐了片刻。这座古老而神秘的商代遗址，慢慢恢复着呼吸，也带给人们许多的疑惑。

　　大量的原始老照片配合重制还原的抗洪视频，重现了当年洪灾的危急时刻。与此同时，最早发现盘龙城遗址的考古学家蓝蔚先生"登场"，带领着第一代

图 2-2　第一展厅：浪淘千古

盘龙城考古人，迈着踏实稳健的步伐开启了今人探索盘龙城商代文明的第一程。自此，盘龙城遗址与考古学结缘。

　　为了便于一般观众更轻松地理解严肃的考古学史，我们摒弃了传统单调的图文展示，转而制作手绘动画，并辅助设置乡间小路的艺术场景，用二维与三维相结合的方式，展现蓝蔚先生和游绍奇先生前往遗址调查的过程，还原他们穿越大半个汉口才辗转到了盘龙城遗址的艰辛历程。地图和动画联动，再现了老武汉的城市格局，也暗示了当今武汉城市规模的扩大，同时也是展览对时间的记录，加深了观众尤其是本地观众对盘龙城遗址和武汉的情感联结（图 2-3）。

　　单元结尾处采用大事记的形式，对洪水之后盘龙城遗址的考古工作进行梳理，进一步拉近考古学和盘龙城遗址的关系，预埋下盘龙城考古作为中国考古学发展缩影的时间线索。

图 2-3　蓝蔚先生调查发现盘龙城场景复原（上）

图 2-4　"认知盘龙城"实景（下）

第二单元：认知盘龙城。系统展现自盘龙城遗址发现至今的考古发掘工作历程及研究成果。经过一代代考古人的论证可知，盘龙城是商代早期长江流域的明珠，是长江流域和黄河流域同属华夏文明起源地的力证。在展品方面，我们意在突出考古特性，集中展出了 20 世纪七八十年代考古学家们的考古发掘日志、考古档案、考古工具等资产，其中不乏当今考古学界大家在盘龙城开展工作时的珍贵资料。展示策略方面，利用策展团队考古学学科背景的优势，配合场景复原、3D 模型和互动游戏等多种手段，梳理考古工作的流程和研究手段，将遗址和探索遗址的方法有机结合，体现策展人的人文关怀，使观众可以近距离接触考古、了解考古和认识考古（图 2-4）。

本单元对盘龙城遗址考古进行了较为系统的整理和总结，展现了一代代考古人锲而不舍的探索与付出精神，近七十年的考古工作不仅提供了数量可观的展示资源，更是中国考古学发展日新月异、欣欣向荣的缩影，是考古人艰苦奋斗、科学求是的写照。

第三单元：寻根大武汉。关于盘龙城与当今武汉的关系，许多人心怀疑惑，盘龙城的发现虽然至关重要，但与今天的武汉又有什么关系呢？为什么会被定义为"武汉城市之根"？在本单元一开始，我们就将"武汉城市源头在哪里"的问题抛出，通过专家论证和史料记载来阐述盘龙城与武汉城市历史的关系，同时借助展示从新石器时代直至宋元时期的文物，并配以对应时代的遗址、遗迹分布图来说明盘龙城文化与武汉地区历史文化传统的一脉相承关系（图 2-5）。

一方水土养一方人。我们尝试从自然环境和人文领域探索武汉地区及盘龙城遗址文化面貌形成的原因。自然环境方面，着重体现江城之"水"，从水陆变迁、交通枢纽、治水工程等方面，通过多媒体、图表等方式展示第四纪以来武汉地区的环境变迁及盘龙城遗址堆积状况。同时顺势引入考古地层概念，利用大面积的实地揭取地层说明盘龙城的陆地和湖相历史，配合互动游戏让观众轻松理解复杂的历史景观变迁。人文领域方面，突出盘龙城宫城建设在城邑格局和规划

图 2-5　寻根大武汉

理念方面的特色及深远影响，数千年前盘龙城因地制宜的建筑理念与后世武汉地区城邑建筑传统和规划理念一脉相承，进一步强化盘龙城遗址与武汉的关系。

　　经过第一展厅的介绍，希望观众可以对盘龙城遗址有初步的了解和印象，为接下来理解盘龙城遗址的文化内涵做铺垫。

（二）故邑风物

　　第二展厅展示考古视角下盘龙城遗址的兴衰变迁与文化面貌，从居民、建筑、生产、军事、习俗、艺术等多个角度，全方位展现盘龙城遗址的物质和精神世界，

图 2-6　第二展厅：故邑风物

呈现盘龙城先民欣欣向荣的日常生活（图 2-6）。就展览叙事定位而言，第二展厅展出文物最多，展览内容最丰富，展陈空间最大，是一个承上启下、将整个展览推向高潮的展厅。展览内容必须最能体现盘龙城遗址的特质和内涵，故而无论是文本、藏品、辅助展项还是艺术设计等，都要做到大容量，尽可能容纳满满的信息量。但同时又要层次分明、繁简得当，表达方式力求通俗有趣，精准有效。

在展厅入口，我们采用碳 14 测年数据图标，直观展现了遗址年代。目前盘龙城有 6 个碳 14 测年标本数据，它们显示的年代范围大致在公元前 18 世纪至公元前 13 世纪。通过展示样品数据和简介碳 14 的测年原理，并将经过碳 14 测年的遗址点悉数呈现，配合典雅简洁的色调，使观众在短时间内意识到自己即将要在一个距今 3500 年的时代氛围中继续探索盘龙城遗址，大幕将启。

第一单元：城邑演变。约公元前 17 世纪，盘龙城地区出现先民聚落；公元前

16世纪，商人势力进入江汉地区，催生了盘龙城约300年的发展与繁荣，创造出比肩中原的青铜文明，成为当时长江流域最重要的城邑。

盘龙城经历了小规模聚落兴起期，修筑城垣、宫殿及大量制作青铜器的繁盛期，后期随着人口增加、居民区范围进一步扩大，中心区相应经历了从王家嘴到宫城区再到杨家湾的变化。我们利用类型学展示盘龙城遗址陶器的分期演变，用地图标记聚落初兴、繁盛、发展三个阶段的居民点、墓葬区、作坊等地点，体现盘龙城先民活动空间的变化。

约公元前17世纪的夏晚期，盘龙城第一批先民在王家嘴定居。他们在这里开荒拓土、繁衍生息，聚落范围不断扩大。至公元前16世纪的夏商之际，已形成以王家嘴、李家嘴、杨家嘴、杨家湾为边线的聚落范围，规模相当可观。

公元前16世纪，商王成汤南征江汉，盘龙城被纳入商王朝势力范围。盘龙城人在王家嘴北部区域修筑了城垣与宫殿。随后经济发展，人口迅速增长，城邑不断扩大。

公元前14世纪，城邑范围已从杨家湾向外扩展到艾家嘴、江家湾一带，显现一派繁荣局面。这一阶段的盘龙城，有相当数量不同规模的房址和不同等级的墓葬，显现出复杂的社会层级。城址、大型宫殿建筑、李家嘴高等级墓葬和大量高品质随葬品，折射出盘龙城作为南方政治、军事中心城邑的地位，具有对资源和社会财富的高度管控能力。此时是盘龙城社会活动的高峰期，同一时期，盘龙城中心城区的格局悄然成形。

约公元前14世纪至公元前13世纪，盘龙城人口增多，文化分布范围进一步扩大。东部扩展到今盘龙湖东岸的小杨家嘴，北部扩展到童家嘴、小王家湾，西部扩展到甲宝山东麓。随着城邑范围扩大，中心区从宫城区移到了杨家湾岗地上，并在此修筑了新的宫殿。但杨家湾作为核心区的规划与布局没有鼎盛时期宫城区那样的规整性、独立性。这一阶段，原来的宫城区内活动减少，几乎被放弃。随着商朝国力的不断衰弱，盘龙城自此不复过去中心城市的荣光，逐

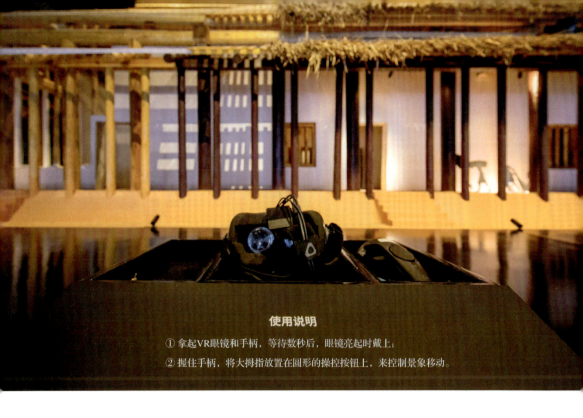

使用说明

① 拿起VR眼镜和手柄，等待数秒后，眼镜亮起时戴上；

② 握住手柄，将大拇指放置在圆形的操控按钮上，来控制景象移动。

图 2-7　宫殿模型及 VR

渐衰退，直至整个城市湮没在时间的长河里。

我们采用三维复原展示盘龙城最繁盛时期的城市场景，通过 VR 视频形式为观众展示地理环境、建筑风格、居民形象（图2-7）。利用顺时针旋转的三维全息投影，立体展示盘龙城出土的 14 件精美青铜器，使观众能够近距离观看文物的细部特征（图2-8）。李家嘴贵族墓葬区是重点展示的遗迹，汇集该墓地出土的各类器物并结合多媒体互动，以此丰富展览内容的同时引导观众了解盘龙城文化特色（图2-9）。

将户外遗址与室内展览联系起来，也是第二展厅展示的重要内容。我们用一块相当大的区域做了遗址核心区一号宫殿复原模型，围绕宫殿复原展开讲解盘龙城宫城的布局、始建和使用年代、城门位置和形态、宫殿营造程序等相关问题。

第二单元：城邑生活。从居民、日常生活、军事、习俗、艺术等多个角度，与观众共同体验盘龙城的风土人情，详细介绍盘龙城普通居民日常的生活和生产活动。

图 2-8　全息投影铜提梁卣（上）
图 2-9　集中展示李家嘴贵族墓葬区出土文物（下）

盘龙城是夏商王朝时期长江中游重镇。在青铜文明的时空构架下，城邑人群等级分明，在传统的农业社会体系中注入了礼制性元素。盘龙城人口数量随社会发展而逐渐增多。我们利用公式对盘龙城遗址进行人口估算，得出盘龙城繁盛阶段人口可能达到2万人，发展阶段城邑范围扩大，可能达到3万人的结论。城邑居民由贵族、平民和奴隶等不同阶层组成，等级制度森严。古人事死如事生，同时期墓葬中不同的随葬品通常表现出墓主人的不同身份。以墓葬为单位，展示普通平民、一般贵族、高级贵族等不同阶层的随葬品组合及差异。

在这部分，我们突出展示了2014年杨家湾17号墓的发掘成果。这是一座盘龙城持续发展阶段具有本地文化特色的高等级贵族墓葬，出土有青铜器、玉石器、陶器等精美文物，其中铜带鋬觚形器、兽面纹铜牌形器、绿松石镶金饰件等为盘龙城遗址首次发现的器型，也是展览中的明星展品。展览利用一组台面柜，将重点展示与组合陈列巧妙结合，充分烘托出杨家湾17号墓的"个性"。展板中着重介绍了对该墓绿松石镶金饰件的复原尝试，绿松石镶金饰件是盘龙城遗址内首次发现的金玉镶嵌饰品，对于研究我国早期金器和金玉镶嵌工艺具有重要意义，同时也是商代先民精神信仰的重要物证。这件器物反映了商代盘龙城碎器葬习俗，研究人员利用多学科技术手段，多方位采集文物信息，将玉石黄金碎片复原为一首双身的浮雕龙形饰，器身主体以绿松石片镶嵌贴塑，眉毛、眼睛、牙齿、额部、眉间由金箔装饰而成。绿色的玉石和金色的黄金相互映衬，视觉效果十分突出。饰件以大漆为黏合剂，胶结在木材或皮革等有机质上（图2-10）。

来到日常生活展区，盘龙城人的饮食和出行同样丰富多彩。由于特殊的土质环境，盘龙城遗址几乎没有发现粮食类实物遗存。但通过考古学研究，可以得知此时居民主食有水稻和粟，副食来源于各种禽类、兽类及鱼类。盘龙城的居民虽然使用着较为原始的陶器，但功能面面俱到，盛食器、炊煮器、酒器、礼仪用具一样不少。尽管他们的器具造型奇特，与今天的日常用具相比，有着完全不同的外表，但在功

图 2-10　绿松石镶金饰件及其复原件

能上却有异曲同工之妙。这些被命名为"鬲、甗、豆、簋、爵、斝、觚"的器具，数量众多、大小各异、纹饰精美，也说明当时居民使用需求量巨大，生活多姿多彩。

　　我们借助 VR 技术、物理互动装置、多媒体触屏设备、台面解说等方式将相关阐释信息一一列举，为观众提供充足的延展知识外链。既不破坏简洁高效的展览主线，又能满足部分观众渴望更深层次了解相关内容的需求，做到"丰俭由人"。

　　"国之大事，在祀与戎。"盘龙城在长江流域范围内率先进入金属兵器时代。遗址出土青铜器中，约三分之一为兵器。整个盘龙城文化具有强烈的军事色彩。商代盘龙城人使用的青铜兵器主要有三类：长兵器、短兵器、抛射兵器。我们选取小嘴 3 号墓随葬品进行系统展示，小嘴 3 号墓随葬较多兵器，种类有钺、戈和镞，兽形面具及铜泡则可能与防护铠甲相关。在展示小嘴 3 号墓随葬品的同时，以不同展柜展示盘龙城其他遗迹单位出土的铜兵器作为补充，选取青铜钺这一重要文物类型做动画视频讲解，在展台上讲解铜镞、铜戈的分类和使用方法，辅之以展板介绍盘龙城军队相关问题（图2-11）。运用墓葬模型使展览变得更加生动。

　　紧接军事部分的是习俗展区，分为"生的习俗"和"死的禁忌"。盘龙城先民已初具信仰体系。他们以东北方位为尊，城址、宫殿、居址方向大都北偏东。将卜甲、卜骨作为与神明交流的道具，沟通生死，占卜吉凶。盘龙城一、二号宫殿建筑基址位于宫城东北部台地上，方向为北偏东20°，坐北朝南的态势与北城垣保持平行。出土的卜骨等都反映了盘龙城先民当时的社会风俗和习惯。对于死后的世界，我们从墓葬中分析葬俗作为展示依据，盘龙城先民在墓葬中随葬青铜器、玉器等贵重物品，腰坑、角坑、殉人、殉狗、碎器葬等葬俗特征体现了人们对死后世界的重视。通过多组墓葬模型和墓葬平面图的展示，直观解析商代葬俗（图2-12）。盘龙城商代墓葬中一种特殊的葬俗——碎器葬尤其值得关注，为此我们不仅制作了讲解碎器葬的动画视频，还将碎器葬中体现人为碎器行为的器物进行修复展示。

　　艺术追求同样也是盘龙城人生活中不可或缺的一部分。盘龙城的每件器物，在实用功能之余，其纹饰都表达着对平安、幸福的希冀。具体与抽象、统一与变化有机融合，是美的法则所在。通过展示器形和纹饰，展现盘龙城文化中协调与和谐的美。对称与不对称、端庄与夸张的表现技法、组合技法的娴熟运用、主题与非主题的鲜明界限，在盘龙城出土铜器上都有生动的体现。

　　一器一模，使同样的兽面形纹饰产生或简单或复杂的不同变化，这也正是手工艺品特殊的魅力所在。纹饰的内涵也在这部分展开，神秘色彩浓厚的纹饰背后，蕴藏着先民耐人寻味的精神世界。似龙非龙，似凤非凤，钺形刀上的透雕纹饰，充满想象色彩。神祇存在于天地四方，青铜容器大都是祭祀神明的法器。青铜尊上张扬的兽角、兽目中间，隐藏着一个阴线刻画的头戴羽冠、双手张开起舞并与神兽融为一体的神人图像。精美而具神秘色彩的纹饰彰显出人类对神祇的敬畏。

　　第三单元：城邑生产。盘龙城先民同时还掌握了高超的手工技艺。遗址出土有石质、青铜质、陶质等多种材质的生产工具，生产工具是社会生产力的体现，反映

图 2-11　小嘴 3 号墓展区（上）

图 2-12　墓葬模型与落葬礼投影（下）

图 2-13　盘龙城遗址生产工具

了当时社会生产的形式。

　　石质工具为广大平民所使用，发现的数量较多，品种多样，从功能上可以分为木作、切割、碾磨、打磨、冶铸等类型。青铜工具只有锤、斧、锛、镢、凿、锯、削、刀、鱼钩等少数几种，数量也不多，它们大多可以充作兵器使用（图2-13）。而矛、戈、镞等传统意义上的兵器也可作为狩猎工具使用。陶质工具的种类有限，有陶垫、陶拍、陶纺轮以及陶网坠。此外，在盘龙城还发现骨匕一类的有机质工具。

　　盘龙城陶器多为本地生产，器类和生产技术丰富多样。陶器包括普通陶器和印纹硬陶。普通陶器又分为夹砂陶和泥质陶。夹砂陶用作炊器，泥质陶用作盛食器，它们在制作工艺上有所不同。盘龙城陶器的制作工艺包括泥条盘筑、轮制、模制以及将不同部分连接成型等，承袭了新石器时代已经采用的成型工艺。我们重点展示了盘龙城出土的陶缸，各式各样的大陶缸在展厅形成矩阵，凸显盘龙城文化特色。除展示各类陶器外，我们还增加了互动装置，让观众可以近距离触摸、比较不同陶质标本。

　　盘龙城目前出土青铜器 500 余件，为同时代中国出土青铜器最多的遗址。器物多为本地铸造，表现出较高的冶铸水平。我们以小嘴青铜冶铸遗址为背景，为观众讲解青铜器生产流程（图 2-14）。

　　盘龙城玉器兼具祭祀礼神、象征身份等级、充当货币财富及装饰美观等多种功能。我们通过文物陈列配合展板说明介绍盘龙城玉器种类、特征和材质，其中盘龙城大玉戈与直径达 22.2 厘米的有领玉璧、绿松石镶金饰件是独具一格、引领时代风骚的典型玉器，堪称盘龙城玉文化"三剑客"。此外，我们还向观众阐释了玉器加工、旧玉改制等相关内容，这些做法在盘龙城出土玉器上都有所体现（图 2-15）。

　　盘龙城先民日常生产生活在某种程度上和我们如出一辙，有人辛苦劳作，也有人骄奢享乐。不同层级、不同职业的人在同一个时空下，伴随盘龙城的兴衰，默默述说着盘龙城平静悠远的历史。

　　第四单元：城邑建筑。盘龙城先民依据南方地理气候特征，摸索出一套与之相适应的建筑风格与技法。盘龙城城垣主体包括夯土城垣、城门及城垣外的护城壕，防御体系较为完善。城内发现石砌排水涵道，构筑方式比较原始，位于宫城地势最低处，应该是当时城内最主要的排水通道。南方潮湿多雨，盘龙城先民就在自然高地或人工土台之上挖洞埋柱，修建两面坡或四面坡式木构建筑，并采用了规格较高的排水管道。我们在盘龙城宫城区二号宫殿建筑基址西侧与夯土台基平行处发现了残存的 11 节陶质排水管，总长 5.4 米。夏商时期的此类陶水管只见于偃师二里头、偃师商城、郑州商城、安阳殷墟等都城遗址。出土此类建筑构件侧面说明盘龙城遗址规格很高（图 2-16）。

图 2-14 青铜器生产（上）
图 2-15 盘龙城出土玉器（下）

城邑建筑
ARCHITECTURE

建筑是城邑的基本要素之一。盘龙城依山滨水，城邑建筑与地理环境紧密相联。崇尚自然的文化理念与土木为材的建筑方法相结合，决定了盘龙城建筑形制、工艺的总体方向。

Architecture is one of the primary elements of the city. Between the river and the mountains, Panlongcheng merged into the natural landscape. The conception of creating harmony with nature and the tradition of wooden architecuture determined the overall direction of the shape, the structure and the technology of the architecture at Panlongcheng.

房屋建筑
HOUSES

盘龙城先民依据南方潮湿多雨的气候特征，通过长期实践，探索出一套与之适应的建筑风格技法。在自然高地或人工土台之上，挖洞埋柱，修建两面坡或四面坡式木构建筑，并采用了规格较高的排水管道。

After a long-term exploration, the Panlongcheng people created a set of architectural styles and techniques which were suitable for the climatic conditions such as high humidity and heavy precipitations in southern China. It was usually built up on a naturally or artificially formed mound with deep pillars, two-sided or four-sided wooden roofs and adopted advanced drainage system.

挖洞埋柱的基本
The basic arrangeme

盘龙城房屋建筑，通常先在地砧石，树立木柱，扶正填土烧烤，远大于砧石与木柱。挖洞埋柱是当时一个中间环节。

建筑法式与风格体现了当时生

房屋构架探索
Architectural explora

图 2-16　城邑建筑

宫殿区陶质排水管道的发现
The discovery of the pottery drainage in the palace area

盘龙城宫城区 2 号宫殿建筑基址西侧，与夯土台基平行，残存 11 节陶质排水管，总长 5.4 米。陶管直筒面形，两端大小相当，饰斜行绳纹。直径 24 厘米，每节长 46~55 厘米不等，各节只能辨接手般套插。

夏商时期，此类陶水管只见于偃师二里头、偃师商城、郑州商城、安阳殷墟等都城遗址。出土此类建筑构件，从一个侧面说明盘龙城遗址规格很高。

- 陶排水管道
- 陶排水管道
- 陶管位于 2 号宫殿等处西侧

柱穴中间一圈土色发灰，为木柱灰浆残道

二里头、郑州、安阳等地
出土夏商时期陶排水管
Pottery drainage dated to the Xia and Shang period at the site of Erlitou, Zhengzhou and Anyang (for comparison)

干栏式木构架复原图

- 1 号宫殿出土陶排水管
- 2 号宫殿出土陶排水管
- 洛达庙遗址陶排水管
- 紫荆山北街遗址出土陶排水管
- 首阳区出土陶排水管
- 殷墟出土陶排水管

图 2-17　角立南土—文化交融

（三）角立南土

  在第三展厅，观众将以一个更大的视角，认识盘龙城时代的古代中国。公元前 16 世纪至公元前 13 世纪的盘龙城时代处于夏末商初，夏、商分别在今天的洛阳和郑州建立王朝。而盘龙城角立于商王朝的南土，作为南方地区的政治、经济和文化中心，与中原保持着紧密的联系，对周边地区形成了重要影响（图 2-17）。

  第一单元：盘龙城与夏商王朝。人类个体或群体的存在与活动，总是依存于一定的社会环境。盘龙城文化的产生发展，与夏商王朝演化的总体进程密不可分。本单元开篇首先从时间与空间两个维度界定了我们所讨论的夏商王朝的范畴,帮助观众理解盘龙城文化的年代并与夏商王朝一一对应,以盘龙城的视角,回看夏商文明。夏王朝衰落,给地处王朝疆域边缘的盘龙城文化初兴提供了机遇。商王室内斗,又促成了盘龙城青铜文化的繁盛。进而以设问的方式,引导观众思考盘龙城与中原王朝的关系,让观众带着疑问在展厅中寻找答案。

第二单元:文化交融。集中展示盘龙城文化与中原文化的关系。盘龙城与中原郑州商城皆属商民生活区,因此盘龙城的物质文化,如陶器、铜器、建筑等诸方面,都与中原王朝有极强的一致性。在盘龙城延续发展过程中,中原人群不断南下,输送了体现新风尚和新技术的青铜器和陶器。盘龙城人也从未放弃创新与发展,随着时间的流逝,逐渐生产出带有本土化风格的器物。随着城邑的形成,盘龙城也完成了对当时长江中游地区的控制,在盘龙城周边西到三峡、东及长江下游的广阔地区,形成了许多次一级的聚落。同时,盘龙城依靠便利的水路交通,成为南方地区贸易的中转站,中原生产的青铜器通过盘龙城运输到全国各地,而长江下游生产的印纹硬陶、原始瓷也会通过盘龙城销往中原地区。盘龙城就像一个强有力的水泵,时刻维持着商王朝经济贸易的活力。

第三单元:南土重镇。详细介绍盘龙城作为商王朝南土政治、经济、军事、文化重镇的地位和影响。在盘龙城文化类型诸遗址中,盘龙城的规格最高,是无可争议的本地区商代早期首府。盘龙城的青铜兵器引领时代潮流,青铜工具是当时生产力的代表,青铜冶铸技术及器物造型与花纹中蕴藏的艺术审美、精神信仰影响深远。

生命难有永恒,万物皆在变迁。即使是繁华的盘龙城也有衰败之时,盘龙城消亡后,中原王朝周边很多聚落城市也在消失,中原大格局发生巨大的变化。然而衰败并不意味着彻底的终结,商人放弃盘龙城之后的公元前12世纪,凭借着先人的智慧和财富,商文明在殷墟迎来了青铜时代的高峰。盘龙城已经消失,但遗泽仍然惠及后人,默默影响着武汉城市文明的发展。

　　展览末尾，我们用一段"前世今生"视频作为整个展览的结尾，采用弧幕影院超大尺寸宽屏播放三维动画，画面色彩鲜艳且极具感染力，内容中结合了盘龙城所有的考古学研究成果，最大限度还原了盘龙城城市环境、人物形象、日常生活、丧葬习俗等，是对整个展览内容的高度概括和总结。同时，从盘龙城的前世讲到武汉市的今生，强调了盘龙城与现代武汉市的联系，点明了盘龙城是武汉城市之根的主题，以前世再现今生。

三、空间分布

　　整个展览所在的展厅空间开阔无柱，避免视觉拥堵；大胆保留井字状天顶结构，象征考古学的标志之一——考古探方，同时寓意上下古今相融；打破固有边界，营造通透悦目的展陈空间（图2-18）。展览由三个主展厅组成，对应展览内容，形成三个连续的单元，彼此独立又相互关联（图2-19至图2-21）。整体的空间设计尊重大众观展习惯，依据故事线组织主、辅展线；根据展览主题、展示重点和亮点设计展项形式，以观展流线与内容分区，灵活应用场景、展柜、展台等组合而成的线性实体引导观众参观（图2-22至图2-24）。

图 2-18　井字状天顶结构（上）
图 2-19　第一展厅空间分布（下）

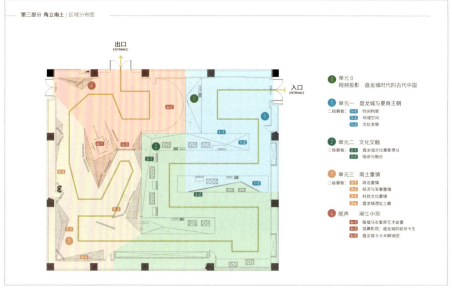

图 2-20　第二展厅空间分布（上）

图 2-21　第三展厅空间分布（下）

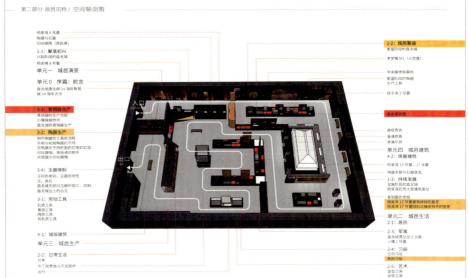

图 2-22　第一展厅空间轴测图（上）

图 2-23　第二展厅空间轴测图（下）

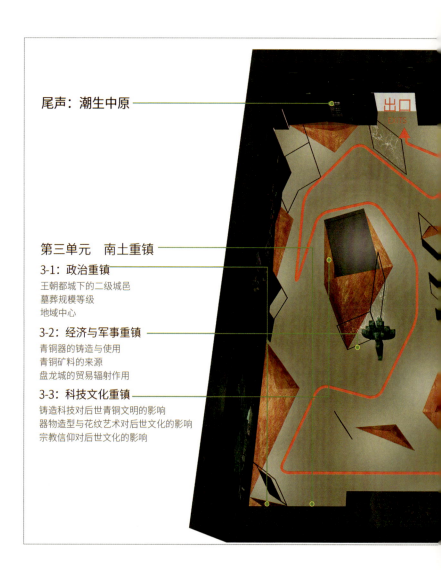

尾声：潮生中原

第三单元　南土重镇

3-1：政治重镇

王朝都城下的二级城邑
墓葬规模等级
地域中心

3-2：经济与军事重镇

青铜器的铸造与使用
青铜矿料的来源
盘龙城的贸易辐射作用

3-3：科技文化重镇

铸造科技对后世青铜文明的影响
器物造型与花纹艺术对后世文化的影响
宗教信仰对后世文化的影响

图 2-24　第三展厅空间轴测图

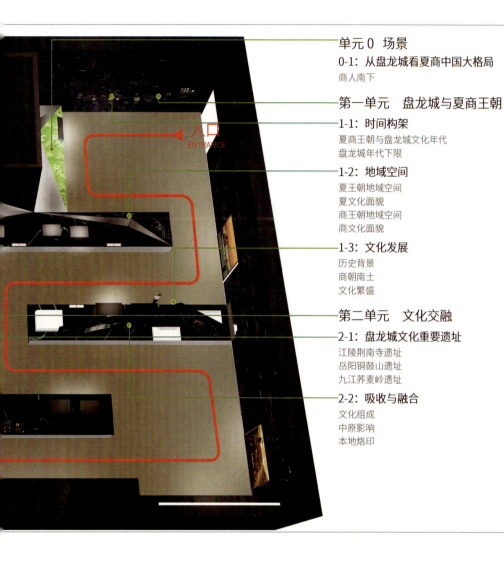

单元 0 场景

0-1：从盘龙城看夏商中国大格局

商人南下

第一单元   盘龙城与夏商王朝

1-1：时间构架

夏商王朝与盘龙城文化年代
盘龙城年代下限

1-2：地域空间

夏王朝地域空间
夏文化面貌
商王朝地域空间
商文化面貌

1-3：文化发展

历史背景
商朝南土
文化繁盛

第二单元   文化交融

2-1：盘龙城文化重要遗址

江陵荆南寺遗址
岳阳铜鼓山遗址
九江荞麦岭遗址

2-2：吸收与融合

文化组成
中原影响
本地烙印

四、展览评述

（一）一个体现考古人视野的展览

盘龙城遗址陈列的核心内容是在整合盘龙城的考古发现和研究成果的基础上，以考古人的视角，"定制"一段盘龙城的城市观游旅程，用通俗易懂的语言带领观众了解盘龙城历史。在整个展览中，"定制"思维贯穿始终，打破了以往考古遗址陈列的模式，采用大空间、大挑高、大画面，以深入浅出的展览内容、抽象的人物形象、丰富的色彩、故事性的设计，诠释生涩的专业知识，联通了古遗址和现代人的对话。

1.考古认知式的展览叙事模式

目前，我国历史类博物馆展览叙事主要有时间叙事和信息组团叙事两种模式，走进盘龙城展厅，可以感受到这两种模式在展览中的穿插运用。就三个展厅整体布局而言，盘龙城遗址陈列开创了一种遗址类博物馆的展览叙事新手段——考古认知式叙事。

浏览整个展览仿佛阅读一本考古报告，第一展厅是学术史部分，介绍了盘龙城遗址数十年来的考古研究历程，创造性地全方位展示考古工具、记录、日记等考古资料，配合场景复原、互动查询、游戏开发等形式，展示了盘龙城考古的成就和发展历程，同时进行了公共考古科普。第二展厅作为主体，详细介绍遗址各方面概况。以古城的发展为序章，以盘龙城的历史风貌为高潮，以信息岛的形式展示盘龙城先民的饮食、交通、习俗、军事、艺术等各方面内容，开放式路线让观众可以自由选择游览重心，利用文物和信息碎片复原每个人心中不同的盘龙城。第三展厅则将盘龙城遗址放入夏商时期考古学框架中综合对比认知，以更开阔的时空维度，展示了盘龙城先民的世界，让观众从夏商王朝整体发展中看盘龙城的地位和影响。

这种隐性的考古认知式叙事，一方面可以全面系统展示目前学界对于盘龙城的研究成果，另一方面也让观众在参观过程中潜移默化带入考古学家的认知视角，完成了一场"定制式"城市观游旅程。

2.在考古发掘与研究中定制展览

遗址的考古工作是展陈的前提和基础，考古遗址展览首要的展示内容应当是考古发掘和研究的成果，并经过形象化、通俗化的表达对考古研究成果进行转化，才能保证展览内容的言之有物和学术性。2013年以来，配合大遗址保护与展示工作，盘龙城遗址内持续有计划地展开考古发掘，考古工作围绕深度了解盘龙城遗址展开。常年从事遗址考古发掘的专家学者共同参与展览大纲的内容设计，边发掘边策展，为展览提供了更多解读模式。展览策划的过程也是对研究资料整合的过程，发现适合向观众传播、观众感兴趣的课题，在展览中给予观众可视化、易理解的"答案"。

不同于大多数具有丰富展览对象的历史类展览，盘龙城遗址地点固定、时间跨度短、文化面貌较为单一，1954年被发现以来，发现文物3000余件，数量并不突出，并且因历史原因，大量精品文物并不收藏于博物院，文物的有限性和信息的广泛性之间的矛盾愈发突出，因此展览内容其实更加依赖考古发掘与研究。

这就要求我们从展览有限的资源中尽量"榨取"各类考古信息，摆脱"珍宝展"的老路，不以文物的多或精美取胜，而以文物背后的学术研究信息撑起展览内容。通过多样化的展览手段和叙事方式、辅助展品等，让学术研究的信息能够以大众喜闻乐见的形式传播、传递。学术研究内容包含且不限于遗址本体文化内涵和历

史信息研究、出土文物的研究、遗址形态的复原、环境信息的研究，这些考古
发掘和研究成果极大丰富了展览内容，并引发了观众深入了解展览的兴趣。

（二）一个探索武汉城市之根的展览

2002 年，由武汉市委宣传部和市历史文化名城委员会主持召开"商代盘龙
城与武汉城市发展研讨会"，邀请诸多学界顶尖专家学者，共同探讨盘龙城与
武汉的关系，将盘龙城的课题研究提升到一个新的高度。在这次会议上，专家
学者们经过激烈而精彩的讨论，一致认定"商代盘龙城是武汉城市发展的开端，
是武汉城市之根"。时至今日，这种说法受到越来越多的认可，日益成为学术
界主流观点。

然而对于普通观众而言，尤其是武汉市民，很难将盘龙城与武汉城市起源
联系在一起。当地人对于武汉的文化认同更多的是早期码头文化，这座城市充
满着烟火市井气息，但一直以来缺乏深厚的文化根基，3500 年的岁月太过悠久，
恍如隔世。我们希望通过展览，让更多的武汉人逐渐意识到并接受历史悠久的
盘龙城是武汉的城市之根，让这种观念深入百姓的文化生活层面中，让盘龙城
成为武汉亮丽的文化名片。

为了实现这个目的，我们就需要在展览中清晰准确地解答："为什么盘龙
城被称为武汉城市之根？"

武汉作为现代长江中游地区的政治、经济和文化中心，具有开放型国际化
大都市和历史文化名城双重定位，关于其城市发展历史的探讨一直不曾停歇。
最早的武汉在哪里？先秦以前的文献语焉不详。长期以来，考古学家、历史学家、
地理学家在各自领域辛苦耕耘，希望能够抽丝剥茧，找出武汉地区城市化的起源，

理清城市发展的轨迹。有人将汉代在武汉地区设置郡县进行管理视为城市开端，也有人把三国时期东吴所修建的夏口城作为最早的武汉。盘龙城的发现则改写了人们的认知，让长久的争论得以停歇。

透过展览我们可以看到，盘龙城作为商代早期长江流域最大的都邑，在青铜器铸造与流通等多方面与中原王朝保持着紧密的联系。那些精美的器物、恢宏的遗迹，无一不表明盘龙城在商王朝享有举足轻重的经济与政治地位，这是同期长江流域其他任何遗址都不具备的独特地位，彰显出盘龙城是商王朝控制长江流域的政治、经济、军事中心，并深刻地辐射与影响了周边地区。

在当今武汉地区，也发现有比盘龙城更早的遗址或者城址，但仅有盘龙城达到了甚至超越了今天武汉所发挥的作用，武汉这座城市之于中国的职能和功用，始于盘龙城。通过展览，深入理解盘龙城遗址的文化内涵，才会更为真切地领悟到：盘龙城——武汉城市之根。

（三）一个点亮长江流域文明之光的展览

长江两岸，伴随岁月长河、春秋风云，形成了既有共性又有个性的区域文化，共同构成了博大精深、生生不息的中华文化。武汉作为国家中心城市，是长江中游当之无愧的龙头，在漫长的历史长河中，充分发挥引领和辐射作用。盘龙城文化作为长江流域早期青铜文化的典型代表，在早商时期深刻影响周边地区，对其的发现与研究有助于从整体上认识长江文明在中国文明史上的地位和作用。盘龙城遗址则是长江中游核心遗址。策划好盘龙城遗址陈列，让盘龙城这样内涵丰富、地位重要、结构复杂的考古遗址，真正为大众所熟知，能够助力长江文明伟大复兴。

在相当长的一段时间内，黄河流域是公认的中华文明摇篮，与之相比，长江流域早期文明的面貌一片模糊。直到盘龙城遗址的出现，人们才第一次意识到，长江流域同样有着高度发达的早期文明。此后，中国考古学加大了对长江流域早期遗址的探索，随着良渚、石家河、三星堆等重要遗址的涌现，学术界对中华文明起源有了新的认知。苏秉琦先生率先提出了"满天星斗说"，中国地域辽阔，气候环境不一，文化传统多种多样，在发展过程中充满了各种碰撞和融合。因此黄河流域不能单独概括中华文明，盘龙城和其他文化一起，点亮了长江流域文明之光，实证长江和黄河同为中华文明的摇篮。

　　盘龙城所处的时代，是中国古代城市由产生到初步发展的初始阶段，上承新石器时代，下接秦汉时代。盘龙城和上游的三星堆、金沙，下游的大洋洲、吴城等遗址一起组成了长江流域灿烂的文明画卷，是中国早期文明的标志，是两河流域不同文化走向融合、相互促进的标志，在中华文明的发展史上是极其重要的一环。

　　古往今来，中华民族的文脉就像一条大河，川流不息，包容万物，无数支流汇入其中，不断为其注入生机和活力。又如同满天星辰，点亮了整片银河。在整个中华文明的发展史中，盘龙城也许不是最耀眼的那一颗星，但我们仍坚持在展览中述说她的美好，并用整整一个展厅的篇幅，将盘龙城遗址文物和其他遗址出土文物融合展出。走进展厅，了解盘龙城，却也不止于盘龙城，这是一次穿越时空长河去领略长江流域文明、体会中华文明多元一体的宝贵旅程。

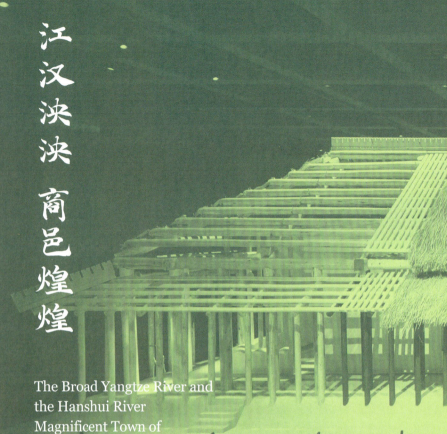

江汉泱泱 商邑煌煌

The Broad Yangtze River and
the Hanshui River
Magnificent Town of
the Shang Dynasty

策 展

纵横正有凌云笔

一、一场陌生与熟悉的对话：展览内容解读

盘龙城遗址陈列的大纲编写工作，并非一帆风顺，更不是一日之功，从计划策展到展览落地，前后历时七年。七年的时间里，我们潜心文本创作，开展数十个专题研究，积累办展经验；我们用心挑选展品，文本、文物、遗迹等皆可上展；我们将心比心，展览表达始终从观众的角度出发，力图成为考古与大众沟通的桥梁，完成一场陌生与熟悉的对话。

（一）扎实的文本创作

1.小试牛刀：老展做基础

策划盘龙城遗址陈列之初，盘龙城已有的展览并不丰富，以武汉博物馆和湖北省博物馆相关展览为主。武汉博物馆收藏的盘龙城文物不多，难以支撑起一个成体系的展览，盘龙城的文物分散于通史展、陶瓷器展、青铜器展等多个展线。湖北省博物馆在 2007 年改陈以后，专辟一个展厅，策划"盘龙城——长江中游的青铜文明"展，重点展示盘龙城 1996 年以前出土的精品文物，突出商文化南下对长江中游文明进程的促进作用，并认为盘龙城的发展与湖北省大冶市铜绿山铜矿资源系统的存在有着直接关联，展览意在展现盘龙城青铜文明的发达程度，对遗址内涵的诠释不够深入，少见聚落考古相关成果，更类似于精品文物展。

这些展览，远早于盘龙城遗址博物院的建立，我们都未曾参与其中，缺乏

图 3-1 "盘龙城——武汉城市之根"展

此类办展经验。为了在盘龙城遗址展出盘龙城文化，也为了给接下来的博物院基本陈列打好基础，做好展览前置工作，我们决定自主策划一个小的盘龙城专题展。

当时，博物院的地基刚刚打下，我们能够利用的空间仅有20世纪70年代建立的考古工作站。这座陈旧的工作站同时也承担着博物院日常办公、文物收藏等功能，因此可以开辟做展陈的空间仅仅不到200平方米。

比起展厅，它更像是一个"文物陈列室"，也就在这么一个小小的"文物陈列室"里，我们完成了"盘龙城——武汉城市之根"专题展览，展线长78米，展出展品44件，于2014年底面向公众开放（图3-1）。

　　尽管展陈空间不大，展出文物也不多，甚至半数以上都是复制品，但是我们丝毫没有懈怠，短短一万字的大纲里也吸纳了当时最新的学术成果，整个展览的逻辑结构如下。

前言

第一部分　盘龙城遗址的考古发现
　　　　第一单元　盘龙城遗址地理环境
　　　　第二单元　盘龙城遗址的发现及考古发掘
　　　　第三单元　盘龙城城址
　　　　第四单元　盘龙城遗址宫殿
　　　　第五单元　盘龙城遗址作坊
　　　　第六单元　盘龙城遗址墓葬

第二部分　盘龙城与长江中游都邑文明
　　　　第一单元　商以前长江中游地区的人类活动
　　　　第二单元　商及以后长江中游地区的城邑发展
　　　　第三单元　盘龙城是武汉城市之根
　　　　第四单元　盘龙城的腾飞

结语

　　对比四年后的盘龙城遗址陈列可以看出，专题展览尽管篇幅有限，但已经坚持以专业思路立意，并开始以更宏大的视角思考盘龙城遗址之于整个长江中游文明的意义。通过这个展览，我们总结了当时已有的考古发现成果，我们意识到要讲好盘龙城遗址的故事尚有许多空白亟待填补，这也为接下来的考古工作及相关学术课题的展开指明了方向。

　　专题展开展的同时，遗址保护与展示一期工程和环境整治工程均已顺利完成，遗址核心区面向公众开放。专题展所在的考古工作站就位于遗址核心区内，与盘龙城宫城南北对望，随着遗址参观人群的增多，"盘龙城——武汉城市之根"展览也迎来了无数海内外观众，他们的参观体验为我们今后策划盘龙城遗址陈列提供了宝贵参考。例如，观众普遍对盘龙城300年间的变迁深感兴趣，也对盘龙城人的数量、饮食起居等日常生活好奇不已，也有观众表示展览的考古学知识十分翔实，但表达方式可以更通俗易懂一些，并期待能有更多的互动装置……这些建议，都在四年后的新展中得到了落实。

　　不仅如此，专题展还出人意料地完成了一次对新展的"紧急救场"。

　　我们原本计划在盘龙城遗址陈列第一展厅"浪淘千古"入口处，设置亚克力等高线地形装置配合实景地图投影，营造出序厅的氛围，开宗明义，抓人眼球，让观众的视觉感官第一时间就被牢牢吸引住。但当实际的装置入场以后，无论如何调整，亚克力和投影的配合都无法实现概念图的显色效果，并且很难避免误差，常常出现实景投影和等高线地形有所出入的错位情况。除此之外，如果实际使用过程中设备突发故障，没有了电子装备的配合，入口序厅处将变成一堵白墙和一片凹凸不平的亚克力，无法传达任何有效信息（图3-2）。

　　此时我们想到"盘龙城——武汉城市之根"展览序厅处，有一个小小的实景沙盘，每一位观众走入展厅参观时，都喜欢停留在沙盘前分辨自己所在的位置，讨论遗址的布局，虽然简易但效果极好（图3-3）。我们当机立断和设计团队协商，撤掉亚克力装置，改为更精细的实景沙盘，原投影保留部分，投放在沙盘两侧，并辅之以投

内容　　　　　　　　　　　　　　　　　　　　形式

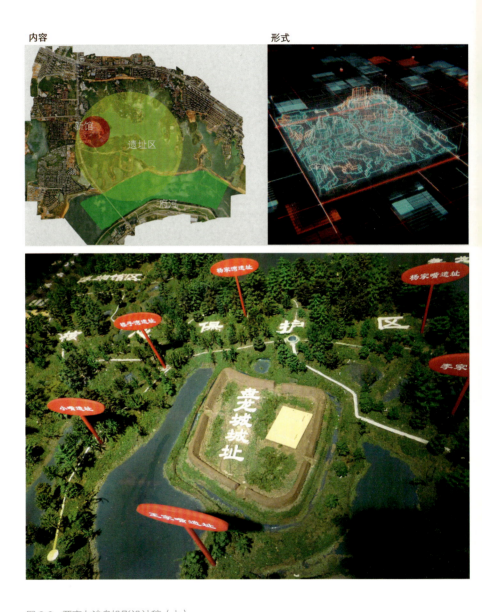

图 3-2　亚克力沙盘投影设计稿（上）

图 3-3　"盘龙城——武汉城市之根"展序厅沙盘局部（下）

图 3-4　第一展厅序厅实景

放在立墙上的遗址方位及发现概况的轮播动画，虚实结合，完美实现了序厅预期的效果（图3-4）。根据开放以来观众反馈的情况来看，我们这个改动还是非常成功的。

　　老展虽小，却是我们后续策划盘龙城遗址陈列不可缺少的坚实一步。

2.数易其稿：大纲屡调整

　　深挖文物背后的故事，让观众透物见人，领悟蕴含其中的古人生产、生活、思想、情感缩影，是文物展览工作者的责任。然而相较于文物精美、展品丰富的历史陈列，或有丰富文献依据的通史陈列，盘龙城遗址陈列大纲的编撰难度要大上许多。

　　这是一段注定艰辛不易的创作之路。

　　大纲文本的正式编撰工作始于 2013 年，刘森淼副院长作为盘龙城近些年的主要发掘者之一，撰写了第一版大纲，集合了他个人许多独树一帜的研究成果。但很遗憾，专家评审会未通过此版方案。在此之后，他积极调整思路，重新撰写了第二版大纲，这个版本的大纲通俗性很强，但专家评审会认为没能呈现考古发掘、研究的新成果，过于平淡，再次予以否定。

两版大纲的反复调整，让时间来到了 2017 年初。随后，在原湖北省文物局的指导下，我们又请到张昌平先生撰写第三版大纲。张昌平先生自 2013 年开始在盘龙城遗址主持考古发掘与研究工作，掌握了考古发掘第一手新材料，可以说是现在最了解盘龙城的人。张昌平先生最初收到邀请时，是有所犹豫的，他有很重的教学和指导任务，又要主持相关考古发掘工作、整理研究成果、参加学术会议，业务繁忙，分身乏术。但作为盘龙城遗址考古发掘领队，他知道这是他义不容辞的责任。时间紧、任务重，张昌平先生先行拟出了展览陈列大纲框架。2017 年 10 月，我们在北京召开专家论证会，李伯谦、刘绪、陈星灿、孙华、唐际根、林留根等专家对方案给予高度评价。大纲框架的敲定，对博物院展陈空间布局的规划起到了关键作用。

随后我们一直按照张昌平先生拟定的框架努力推进大纲编写工作，组织盘龙城遗址博物院的科研人员与武汉大学考古队的师生们共同丰富大纲，他们之中有国内外知名的商周考古学家，有长期扎根盘龙城遗址考古研究的资深学者，有刚刚投身文博工作的考古专业研究生，更有仍在校深造的考古专业博士生。经过多次对博物院建设工地的实地勘察与座谈讨论，我们最终形成了 29 页的展陈大纲。这份展陈大纲进一步明确了盘龙城遗址的特色与地位，对整个展览起到提纲挈领的作用。

正当大纲编写工作逐步走向尘埃落定之时，张昌平先生按计划应邀前往美国、加拿大进行两个多月的讲学访问，没有时间细化陈列方案。然而对于近 3200 平方米的基本陈列展厅来说，仅仅 29 页的展陈大纲太显单薄，大纲编写工作再度陷入停滞。此时，已经来到 2018 年 3 月。陈列布展工作即将开始，按原定展期，年底展览就要对外开放。

图 3-5　策展团队讨论深化展览大纲（组图）

　　展览不能开天窗，必须保质保量，如期完成，巨大的压力笼罩在每个人的心头。此时盘龙城遗址博物院能够承担统领陈列方案编写任务的只有刘森淼先生，但在过去的几年，他的两版大纲均被专家会议否定，让他以第三版大纲的思路完成新的展览方案，对他个人而言并不是一件容易的事情。因此，最初面对这个提议，他沉默着一声不吭。正当我们一筹莫展之际，他主动接过了这个"烫手山芋"，迅速调整了思路，不计报酬，带领全院数位专业人员加班加点，分工合作，共同完成终版展览方案（图 3-5）。

　　为了保证陈列内容的专业性和舆论引导的正确性，我们请北京大学教授徐天进先生和湖北省社会科学院原副院长刘玉堂先生把关。展览完成以后，我们邀请国内考古、陈列等方面的知名专家、学者前来观看。总体都认为展览有"张力"，内容充实，兼顾了专业性、学术性和通俗性，是一个真正的考古遗址博物馆应该有的基本陈列。至此，笼罩众人整整一年的压力才慢慢散去。

3.百转千回：展名方确立

当我们终于完成了展览方案，着手布展工作，却对展名犯起了难。盘龙城以往的展览往往采用主副标题相结合的两段式。主标题多简洁明了，以遗址名为主；副标题则补充说明盘龙城的性质或作用，比如"盘龙城——长江中游的青铜文明""盘龙城——武汉城市之根"等。这类标题通俗、朴素，简明扼要，在一定的历史时期内，一定程度上宣传了盘龙城遗址的部分价值，但是作为一个常设展览展名，显然不够大气，也失之文采，传诵度稍显逊色，缺乏记忆点。最为关键的是，我们的展览不同于以往任何一个盘龙城专题展，史无前例地展现出遗址丰富的内涵，因此任何片面概括遗址性质的副标题与展览本身的内容都是不相匹配的。

经过激烈的头脑风暴和苦思冥想，我们最终保留了主副标题相结合的展览命名模式，将副标题确定为"盘龙城遗址陈列"，主标题却迟迟难有定论。"商邑金戈"等展名，仍然难逃过往专题展展名的局限性，只侧重于盘龙城遗址某方面比如军事属性的特性，不足以代表整个展览。

直至 2018 年下半年，在展览布展工作紧张进行，刘玉堂院长对终版大纲做最后校对的时候，他在纸质版大纲的扉页上手书"江汉泱泱　商邑煌煌"并谦逊地询问是否适合作为展览主标题。

看到那八个字的第一眼，我们有一瞬间被击中的感觉，不约而同地认定——就是它了！"江汉泱泱　商邑煌煌"作为主标题恰如其分，具有以下多重含义。

就地理位置而言，盘龙城所在的武汉，是长江与汉水交汇之处，"江汉"二字精准定位了盘龙城遗址的所在地。

就城市意象而言，江汉朝宗的气概造就了武汉的城市性格，"江汉"也成为武汉最为标志性的意象。盘龙城作为武汉城市之根，又是因长江百年不遇的洪灾才重见天日，"江汉泱泱"既呼应了盘龙城与武汉的关系，又对应了遗址的发现史。

就遗址内涵而言，有关盘龙城遗址性质的讨论有很多，但无可争议的是，它是商朝前期长江流域目前所见最大最发达的城址，文化内涵丰富且深厚，"商邑煌煌"当之无愧。

就文风意蕴而言，"泱泱"与"煌煌"均出自《诗经》，前者取自《小雅·瞻彼洛矣》："瞻彼洛矣，维水泱泱。"意指水面深广。后者取自《陈风·东门之杨》："昏以为期，明星煌煌。"意指明亮辉煌。《诗经》作为我国古代诗歌的开端，收录了西周初年到春秋中叶的古诗，它所采用的四言体被认为是我国诗歌最早的文体形式。盘龙城作为一个早商遗址，它的展览陈列采用四言体展标，无疑最接近那个时代的风格，古朴、悠远，意味深长。

后续刘玉堂院长也曾与我们商讨，在"江汉泱泱"和"江汉汤汤"之间徘徊，尽管"汤汤"从语势上更为恢宏，并且一字多义，与"商邑"相连，让人很容易联想到商汤，加深对商王朝的记忆。但是，我们认为"商邑煌煌"的意象已足够宏大明亮，"江汉泱泱"更为柔美，与之对应，形成一强一弱、一刚一柔、一宏大一深远的美感，并且"泱泱"与"煌煌"对仗的音韵更为顺畅，最终我们敲定了"江汉泱泱　商邑煌煌"作为主展标，寓意长江汉水气势雄放，盘龙城作为商代南土中心城邑，文化源远流长。我们还特意将展标制作成了原铜色，令人遥想盘龙城所代表的青铜文明昔年的风采。展标装置于第一展厅入口处右侧，便于观众对展览主旨有一个把握与理解（图3-6）。

4.坚若磐石：学术筑根基

盘龙城发现以来，历经数十年考古发掘与研究，积累了丰硕的学术成果，为后续展览工作的开展打下了坚实的基础。在展览的前期筹备过程中，我们翻遍了《盘龙城——一九六三年——一九九四年考古发掘报告》《盘龙城与长江文

图 3-6　"江汉泱泱　商邑煌煌"展标（上）

图 3-7　盘龙城相关出版专著（下）

明国际学术研讨会论文集》《商代盘龙城学术研讨会论文集》等数本专著，并
熟读各大期刊历年有关盘龙城的一百余篇高质量论文（图3-7）。将这些内容吸
收、消化、重组，从最前沿最全面的学术视角出发，构建出一个最真实的商代盘龙城。

　　然而仅仅依托已有的考古研究，很难支撑起整个展览，过去的许多研究也并不
能够满足当下人们对盘龙城的好奇之心。一个遗址博物馆的展览需要依托于考古发
现与研究，但是也不能仅仅止步于对已有成果的总结和转化。我们要立足于展览本
身，认真思考应该向观众呈现一个怎样的盘龙城。想象一下，人们或许想要知道，
在武汉的北郊是如何发现这样的一座古城的？又是如何确定它是一座距今3500年
的商代古城？曾经的这里，生活过怎样的人们，发生过怎样的故事……如果说好奇
心是考古学产生的原生动力之一，那么一个关于考古的展览，理所应当成为考古与
公众的桥梁，将求知的种子撒向更多的人群。

　　（1）针对性研究

　　在展览筹备期间，我们联合武汉大学、南方科技大学，组织数十人的研究小组，
联合环境、水文、岩相、植物等多学科研究力量，制定了盘龙城展览学术攻关计划，
在一年内先后完成了"盘龙城的人口""盘龙城的植物""盘龙城人的陶器制作技
术""盘龙城人的青铜器制作技术"等20余项针对性研究。

　　绿松石镶金饰件的复原研究正是其中最具代表性的一项。2013年底，我们联
合武汉大学对盘龙城杨家湾遗址的一处遗址区进行发掘，发现了7座分布密集的商
代墓葬，就在17号墓即将发掘到墓葬底部时，在墓葬东壁附近贴近生土层的地方，
连续出现了一些小块的绿松石。南方湿黏的红土紧紧包裹着这些不足一厘米见方的
绿松石，考古工作人员小心谨慎地将它们剥离开来，从东壁延伸出的绿松石散块渐
渐有了形状，许多细小的绿松石组合起来后，弯弯曲曲的像是一个兽角，又像是一
段动物的躯干；继续清理下去，发现了一条细长弯曲的金片，形如眉毛，在它的不
远处，一只眼睛缓缓呈现，现场一片沸腾，当时我国所见最早的绿松石镶金饰品重
见天日（图3-8）。

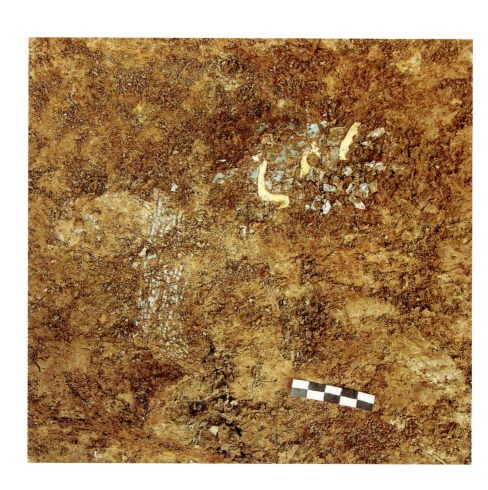

图 3-8　绿松石镶金饰件发掘现场

图 3-9　正在进行扫描的绿
松石镶金饰件

　　这件珍贵的文物历经 3000 多年，已经和身下的土地交融在一起，难舍难分，根本没有办法将零散的绿松石和金片单独拿出来保存，而且如果逐片提取，文物的完整性可能会遭到破坏，也会给后期的研究带来不便，更会丧失展陈的观赏性，考虑到文物本身特性和正在筹备中的展览需要，我们紧急将文物与周围的土壤一起套箱整取，并尽快送到了中国社会科学院考古研究所，委托文化遗产保护研究中心的文保专家李存信研究员进行实验室考古清理和科学检测。经过缜密的室内考古工作，这件珍贵的绿松石镶金器物终于显露真容（图 3-9）。

　　盘龙城出土了这样一件特殊的文物，其文物价值显而易见，必然成为未来展览中浓墨重彩的明星展品。我们随后又联系了南方科技大学商周考古专家唐际根教授合作开展绿松石镶金饰件的复原工作，与唐教授联手是因为南方科技大学社会科学中心设有文化遗产实验室，在人工智能结合文化遗产保护、数据整理和文物保护新材料开发等跨学科领域颇具领先优势。唐际根教授作为学术带头人，联合武汉大学张昌平教授、加拿大英属哥伦比亚大学荆志淳教授、中国社会科学院考古研究所李存信研究员等组成了跨学科型创新研究团队，包括考古学、文物学、美术学、材料

金片镶嵌绿松石器的复原
—— Restoration of turquoise inlaid gold ornaments
at tomb 17, yangjiawan

整个器物用金片镶嵌出目、齿、眉等部件。形态与同期兽面纹鼻部中心的菱形纹样十分接近。金片所镶嵌的目、齿、眉等部位，特别是鼻部中心的菱形纹样，表明该绿松石器所饰的纹饰应为对称的兽面纹。绿松石铺底所形成的纹样，对于下面复原绿松石器提供了重要的线索。

金片镶嵌的兽目，散落为南北的两个部分，分别构成了兽面纹的左右两侧。在北侧的另一组，近菱形的金片则属于兽面鼻梁的部分。而根据保存较好的南侧一组，兽面的目、眉和齿等位置均为金片镶嵌，兽面的眉介，通过绿松石的排列，形成夸张、卷曲的兽角。整个绿松石器的纹饰兽兽突出。该兽面纹应属于一类特殊的纹饰，可能特定地满足了部分高等级贵族的需求。而盘龙城绿松石器所体现的纹饰特征，以及绿松石和金片的特殊材质，正指示出使用者这样一种较高的社会地位。

■ 盘龙城 PYWM17 绿松石器与同时期兽面纹比较

■ PYWM17:31 绿松石器线图

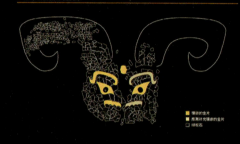

■ 绿松石兽面形复原

（颜色对应看为纹饰组合的部分）

■ 盘龙城采集 P:01 兽覆部纹拓片

■ 镶嵌的金片
■ 推测补充镶嵌的金片
□ 绿松石

图 3-10　第一版绿松石镶金饰件版面

学及工艺技术等方面的专家学者。良好的硬件设施和强大的科研力量都为绿松石镶金饰件的复原研究提供了有力支撑，从而能在展览中将绿松石镶金饰件的原本面貌和文化内涵深入浅出地解释给观众。

唐教授的团队历经数年，苦心重建文物原貌。在此期间，武汉大学团队已基于商代青铜器纹样给出一版绿松石镶金饰件的复原推测，2018 年底试运行开放前夕，我们先行采纳了武汉大学的研究，并将其推论过程详细还原于展板之上（图3-10）。

2019 年的春节，唐教授带着 109GB 的绿松石镶金饰件实验室数据和国内外绿松石兽面相关的研究材料回到江西老家的大山里。经过一个月的"闭关"复盘研究，唐教授在认为复原方案在各方面都能形成逻辑闭环后，才最终确定了复原结果，并以同等材料一比一制作完成了复原件。

绿松石镶金饰件的本来面貌是一首双身浮雕龙形饰，通长 31 厘米，头部高 13 厘米、宽 11 厘米，由上千片各式各样的绿松石片和 8 枚金片组成，五官清晰突出，身体线条紧实，形神兼备，富有张力。饰件以大漆为黏合剂，胶结在木材或皮革等有机质之上。绿色的玉石、金色的黄金和黑色的大漆黏合镶嵌，三色搭配，相互映衬，视觉效果十分突出，形成独特美感。整个饰件结构复杂、材料多样，金片的含金量达 70％ 以上，精湛的工艺水平由此可见一斑。

复原科研项目验收结项时，与会专家们认为能把严重损坏变形的绿松石镶金饰件成功重建复原是一项了不起的工程，复原的结果也令人震撼，毫无疑问也为我们的展览增加了一件精美的展品。在验收会上还有一段小插曲，有的专家认为绿松石镶金饰件头部硕大、身体蜿蜒，应该是一个虎的造型，还在会上掀起了一阵"龙虎之争"的讨论。

此时距离试运行开放仅过去了几个月，但我们依旧第一时间换掉了原有的展板，并为配合复原件和原件共同展出，定制更换了展柜、展台和展具（图 3-11）。

如今陈列于第二展厅的绿松石镶金饰件无疑是展览中的明星展品，观众在看到文物原本面貌的同时，又可以看到出土时的状态，还能通过图文解析了解从出土到复原研究的全过程。我们将转化并展示围绕这件文物进行的最新课题研究成果，让观众全方位了解绿松石镶金饰件的"前世今生"。

图 3-11　绿松石镶金饰件
最终展陈效果

前脚实验室出成果，后脚展厅做解读，这样的例子在基本陈列展厅中比比皆是。"盘龙城碎器葬俗研究""商代落葬礼研究""盘龙城宫殿复原研究"……几十项最新研究课题撑起了一个"与时俱进"的科学化展览。

（2）主动性发掘

2013年以来，为配合遗址保护展示工作，更为了服务于盘龙城遗址陈列，盘龙城考古队带着明确的课题意识进行了数次主动性发掘。

我们目前所见的盘龙城遗址，已是废弃千年后的自然环境，和遗址当初的原生环境天差地别。筹备展览大纲之时，在梳理遗址概况的过程中，策展人敏锐地察觉到盘龙城的遗址点许多都以"嘴""湾"来命名，比如李家嘴、王家嘴，杨家湾、楼子湾等。"嘴"意指水边向外突出的半岛，"湾"意指水边高起的岗地。这些如今被称为各种"嘴"的遗址点之间，总是隔着湖水遥遥相对，尽管水面的直线距离很短，但实际陆地交通很费时间，除非当年的盘龙城是一座水城，大量依赖水上交通，否则这种聚落分布会使人们的日常通行十分不便。然而，根据我们目前对盘龙城聚落的形态研究，基本可以否定早商盘龙城为水城，也没有侧重水路交通。那么为何如今的各个遗址点多与水有关呢？为了解释这一现象，我们先后对盘龙湖各处进行钻孔，并在水下进行了详细的勘测，抽干破口湖湖水，设置探沟进行了解剖式勘探，在湖中部分位置发现了商文化堆积。由此我们认识到，早商时期盘龙城水位远比现在要低，如今许多名"嘴"、名"湾"的区域在当时多为陆地，远离水源。随着盘龙城人对聚落的废弃，周遭环境发生了较大的改变。

过去有关盘龙城讨论最激烈、展示最多的莫过于青铜器。长期以来，学者多认为青铜铸造业是商周王室统一控制的，长江流域的盘龙城遗址出土的铜器当属中原郑州地区生产。过去的许多展览基本上遵循了旧有的学术观点。然而盘龙城遗址陈列大纲框架的编写者，同时也是盘龙城考古队队长的张昌平老师一直怀疑盘龙城的铜器是本地生产，在他看来，这些铜器制作相对简单、轻薄，

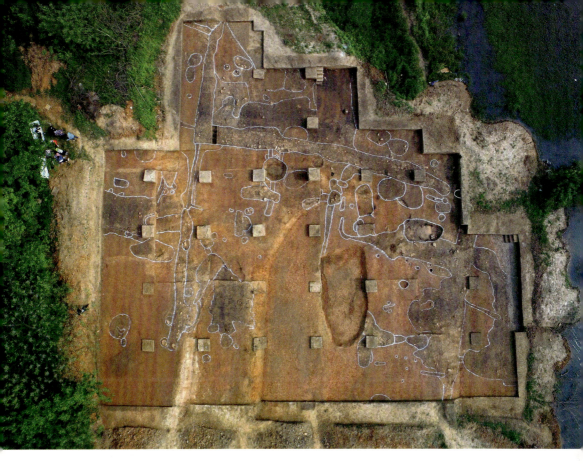

图 3-12　小嘴遗址发掘现场

与中原制造品不尽相同，并且盘龙城曾采集到过一件石范，这至少表明盘龙城可以生产铜器。采集的石范也成为追索生产作坊的重要线索。2015 年以来，盘龙城考古队在勘探工作基础上，选择石范附近一片灰烬土较厚的区域进行发掘。发掘之初并未发现明显的铸铜作坊的特征，不过灰烬土中夹杂了很多密集的铜锈。我们随后邀请冶金考古专家使用便携式荧光仪检测，生成铜含量分布热图，证实这片区域有着极高的铜含量，这便是小嘴遗址的发现过程。连续两年的发掘工作相继揭露出灰沟、房屋等可能与铸铜生产相关的遗迹，并发现有陶范、坩埚、青铜颗粒、砺石、木炭块等铸铜遗物，初步判定小嘴遗址为盘龙城聚落内的一处青铜器生产区域。小嘴遗址的发现为盘龙城遗址陈列青铜器生产部分的陈列展示提供了切实可信的例证（图 3-12）。

诸如此类的田野考古工作，为我们陈列布展厘清了思路，提供了坚实而有力的学术支撑，保障了展览的科学性、严谨性和时效性。

（二）多元的展品选择

考古遗址类博物馆展陈之难，很大程度上在于被展品制约。以盘龙城为例，其出土文物归属主要分散于三家单位。

1954 年至 1998 年，发掘出土的相关文物和原始图文资料都收藏于湖北省博物馆，其中包括各类精美的青铜器、玉石器和较为完整的陶器，数量为 500余件。1998 年至 2000 年，零星出土的文物收藏于武汉博物馆，同时武汉博物馆也藏有市文物商店过去收购的盘龙城青铜器，数量极少，多为早年遗失在外。2000 年以后，随着盘龙城遗址博物院筹建处的建立，盘龙城遗址出土文物悉数归博物院所藏。此外，我们还接收了湖北省博物馆考古工作站撤出时未曾带走的近 2000 件破损比较严重的陶器和大量的陶片。

显然，仅靠盘龙城遗址博物院收藏的那些陶器、陶片，无法支撑起一个完整的盘龙城基本陈列。在编写陈列大纲的过程中，我们始终非常焦灼，不知道展览方案中的文物怎么定。

综合三家单位文物的收藏情况，无疑湖北省博物馆所藏文物品类最丰，精品文物数量最多，几乎"垄断"了盘龙城繁盛时期的所有代表性器物，而这个阶段的墓葬基本已经发掘完毕，即使开展新的考古发掘工作，也难以补充到同类文物，这是一个无法弥补的缺憾。最终，湖北省博物馆给予我们最大的支持，先后借展文物 87 件，尤以我们最为缺少的盘龙城繁盛期李家嘴贵族墓葬出土文物为主。我们的大纲主体也随着湖北省博物馆同意所借文物清单的确定渐渐成形。

考古遗址类博物馆的陈列或许都存在文物权属及文物借展的困扰。早期，各遗址所在地由于地处偏远、设施环境差，不具备文物保管和展示的条件，因此，遗址出土文物都由省市级博物馆、省市级考古机构保管。随着国家对大遗址保护展示工作越来越重视，各遗址所在地都纷纷建设考古遗址公园和遗址博物馆，展出文物严重不足又成为遗址博物馆共同面对的问题。

盘龙城遗址陈列共三个展厅，总面积 3000 多平方米。我们根据盘龙城遗址的历史地位和影响，在展品选择上秉持广而精的原则，尽管自身所藏文物不多，但依然坚持不使用复制品进行展示。展出文物以盘龙城遗址出土文物为主，涵盖了青铜器、玉石器、陶瓷器、骨角器等文物品类，突出青铜文化，讲述盘龙城的前世今生。按大纲思路，从省博物馆借来的那些文物，加上本院所藏，基本上只能满足第二展厅"故邑风物"的部分展品需求。

总体来看，展览依然面临着展品奇缺的窘境。为了解决这一难题，我们坚持在展品选择系统性、整体性、代表性、艺术性等原则的基础上，深入发掘自身资源，突出自身特色，穷尽所能。

1.变废为宝：故纸堆也能出展品

第一展厅"浪淘千古"第一单元讲述盘龙城发现史。对于考古学史的相关内容，通常来讲，往往是以图文版面配合多媒体呈现，或者搭配少量当年出土文物共同展出。我们为了更好地还原这段历史，让整个盘龙城发现发掘的历程丰满、立体起来，先后多次拜访盘龙城的发现者蓝蔚先生。通过他的口述，第一次完整还原了 1954 年盘龙城的发现过程，并在他的指导下找到了最初报道盘龙城发现消息的 1955 年第 4 期《文物参考资料》，采购原件，作为相关展品展出。此外，我们还将蓝蔚先生当年赴盘龙城调查的心路历程以日记的形式还原出来，陈列于第一展厅。20 世纪 90 年代，湖北省博物馆考古工作站撤出盘龙城之时，留下来以吨为单位的陶片，基本不可修复，长期堆放于库房。我们特意挑选了一批磨损程度较高、失去标本价值的陶片，铺设于考古发现大事记展板前，取代原先设想的用树脂等材料造景模拟灰坑、墓葬等遗迹现象，以一片真实而壮观的"陶海"呼应盘龙城数十年不辍的考古发现历程，自然连接到下一单元。

"认知盘龙城"展区完整呈现了盘龙城延续至今的考古发掘历程，20世纪70年代，湖北省博物馆与北京大学合作，迎来了1974年、1976年两次重大考古发掘，改写了盘龙城遗址的命运，也改写了中国考古学史，具有划时代的意义和价值。从编写大纲之初，我们始终都在思考如何呈现这段了不起的历史。通常来讲，在一个展览中，考古发现史往往会成为出土文物的注脚，作为背景板出现，很难吸引住观众的目光，激发他们进一步了解的欲望。我们想尝试少有人走的一条路：不以出土文物为主角，而以人为主角。

很幸运的是，我们在湖北省博物馆发现了大量盘龙城早期发掘工作的一手图文资料，省去了重新收集原始材料的时间和人力。面对海量的资料，我们先根据时代做了初步整理，尽数翻阅后，拟定了三个方向进行展品遴选（图3-13）。

第一类是知识工具类材料，包括盘龙城遗址发现以前的相关历史文献，考古发掘工作开展之初所做的测绘地图等。这类材料历史久远，数量稀少，纸张脆弱，我们做了影印版用以展出。

第二类是原始考古记录材料，包括考古绘图和文物登记表等。红色的米格纸上寥寥几笔，便如实还原了发掘现场的遗迹现象，文物登记表上宛如天书一样的编号和制式化的描述，是文物面世之初的第一张"身份信息卡"。此后，无数的研究、文章、报告，都是基于这些略显简单的材料而延伸扩展的，它们生发出我们在展览中目之所及的点点滴滴的信息。

第三类是考古发掘日记。在日记已经逐渐退出人们日常生活的今天，考古人依旧延续着记录考古发掘日记的传统。在盘龙城的每个考古阶段，每一位田野工作者都有自己的发掘日记，记录着每天的发现、收获、感悟，对次日工作

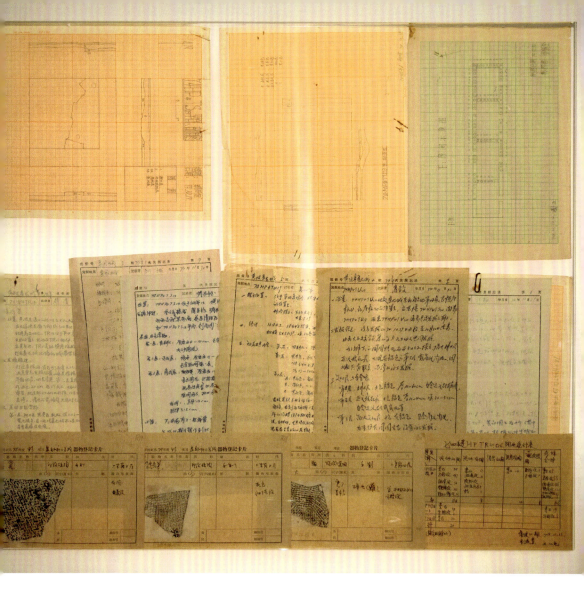

图 3-13　第一展厅纸质展品

的规划等。

　　我们重点选取了 1974 年和 1976 年两个年度的考古记录材料和考古发掘日记，一方面是因为这两个年度均有重大考古发现，另一方面是因为这两次发掘孕育了中国考古学界无数的考古大家，他们中的许多人正是由盘龙城开启了考古人生。

　　我们展出了俞伟超、李伯谦、刘绪、高崇文等多位先生当年亲笔记录的发掘材料原件，并在展区的一侧设立金属展墙，收录了许多先生多年后回看盘龙城的感想，两相对照，几十年的考古岁月，尽在其间。

　　此外，随着展览的时间线逐渐向 21 世纪靠拢，有些特殊的物件尚不适合作为文物展品陈列于展柜之中，我们巧妙地把它们作为辅助展品，融入展厅的环境之中。

　　陈贤一老先生是盘龙城遗址考古工作站的第一任站长，主持了 20 世纪八九十年代的考古工作，他始终坚守岗位，直到退休。他是盘龙城第一代考古人的缩影，那是一个最为艰难的时代，遗址区自然环境恶劣，工作生活不便，周边居民的生产建设活动与遗址保护工作矛盾重重，但在这样的情况下，他们依旧完成了盘龙城宫殿、城垣、贵族墓葬等重大考古发现的资料整理和研究工作，刷新了人们对中华文明体系的认知。为了让观众更为贴近那个时代老一辈考古学家的真实境况，我们搭建了第一展厅唯一一个纯艺术场景，砖砌的板床、老旧的桌椅、简易的绘图工具、生锈的单车……生活的居所就是工作的场所。场景中的大部分物品是我们征集的同时代旧物，并用 3D 打印技术还原了部分出土文物。

　　陈老先生是我们的特殊顾问，场景的搭建正是按他老人家的回忆，尽可能一比一还原当年的景象。为此他还无私捐出保留了几十年的"老物件"，例如当年工作使用的小木桌、蚊帐等。这些珍贵的原物作为辅助展品，一同放置于艺术场景之中。那在床下当餐桌、床上当书桌的小木桌，特意加高定制的蚊帐，

图 3-14 20世纪七八十年代考古工作者生活场景

都见证了他无数次挑灯夜战、夙兴夜寐的身影，沉淀着老一代考古工作者兢兢业业、不畏艰辛的气概（图3-14）。

新时代的考古工作，则是多学科合作的过程，新技术层出不穷，科技感十足。我们特意保留了盘龙城考古队2013年以来报废与淘汰的两架无人机，戏称为"盘龙一号""盘龙二号"，悬挂于科技考古的展墙之前。也许未来还会出现"盘龙三号"或者其他新玩意儿的身影，共同加入辅助展品的行列。

2.联动八方：加强馆际资源整合

在第一展厅"浪淘千古"的第三单元"寻根大武汉"中，我们花了很大的篇幅去讨论盘龙城与武汉市的关系。既然想要观众理解盘龙城是武汉城市之根，那么光

图 3-15　第一展厅内的借展文物

　　讲盘龙城是远远不够的。我们还需要帮助观众快速建立起对武汉地区历史文化的初印象。盘龙城的文化堆积非常简单，商之前、商之后都鲜有人类活动痕迹，因此，仅靠盘龙城遗址自身的出土文物，很难呈现出一段武汉通史。

　　在武汉市文化和旅游局支持下，武汉博物馆与武汉市文物考古研究所借调了大量文物支持我们的工作。我们把盘龙城遗址文物和武汉其他遗址出土文物融合展出，用来展示武汉地区历史文化变迁的大脉络，体现盘龙城对武汉城市职能和性质的深远影响。这既在一定程度上解决了馆藏相对不足的问题，又实现藏品共享，提高了藏品利用率，盘活了兄弟馆的文物资源，让那些长期存放于库房的文物"活"了起来（图3-15）。

　　第三展厅"角立南土"主要讲夏商时期盘龙城与中原、长江流域各文化的关系，展示盘龙城作为商王朝南土政治、经济、军事、文化重镇的地位和影响。

盘龙城遗址不仅是武汉城市之根，更是商朝南土中心城邑、长江中游早期青铜文明中心，对我国早期青铜文明，同样发挥承前启后的重要作用。盘龙城以鼎、瓿、爵、斝为主体的青铜礼器组合与中原商文化相同，表明盘龙城人与中原具有相同的礼制文化。盘龙城青铜器则对同时或稍后的成都平原三星堆文化、赣江中下游吴城文化等长江流域青铜文化产生了重要影响，因而被誉为"长江流域青铜文明之源"。为全面表现盘龙城遗址丰富的文化内涵，更需要相关遗址出土的文物，我们与地域相近、内涵相通的兄弟单位合作，从湖北、河南、四川、湖南、江西等省的 9 家博物馆和考古院所优选、借调相关文物精品，共涉及 20 个遗址。

2018 年元月，张昌平先生带领策展团队冒着大雪到河南省文物考古研究院，刘海旺院长、杨文胜副院长热情接待了我们，并为我们加急办理借展手续。盘龙城遗址博物院和三星堆博物馆亲如兄弟，朱亚蓉副馆长第一时间拟定借展文物清单，借出玉环、玉戈、铜环等精美文物。同一时间，刘森淼副院长到湖南岳阳，湖北荆州，江西南昌、吴城等地，借展铜鼓山、荆南寺、吴城、荞麦岭等遗址文物，并在大冶购买了一些与冶铜相关的矿物标本。我们的工作得到了大家的鼎力支持，特别是中国社会科学院考古研究所陈星灿所长，听说我们要借展殷墟出土马车，欣然应允。尽管因其他原因没能最终借展成功，但陈所长的热情让我们永远难忘。正是有了大家的无私支持，盘龙城遗址陈列第三展厅文化交融板块的展品问题最终得以解决，展览才能呈现出今天这样的效果。

3.柳暗花明：考古助力展览上新

尽管我们根据展览大纲向多家单位借展文物，但所借文物占展品总数不多，整个展览仍然有赖于自身馆藏。囿于历史原因，原有馆藏品类、时代单一，许多上展文物并不是从库房中挑选出来的。2013 年以来，我们通过针对性的考古发掘补充了一部分盘龙城最晚阶段的代表性器物，上展近些年新发现的尚未定级的数十件精品文物，如绿松石镶金饰件、有领玉璧、铜带錾瓿形器、铜牌饰、铜圜底爵等。

2018年初，在我们深化展览大纲的过程中，盘龙城考古现场传来好消息——发现了盘龙城年代最晚的商代贵族墓葬王家嘴4号墓。这一最新发现当即就被吸纳到展览陈列中去，我们为还没来得及修复的整个墓葬的文物专辟一个单独的墙柜，集中展示，并将其纳入第三展厅第一单元"时间构架"板块，用最新的考古成果为观众解答盘龙城遗址年代下限问题（图3-16）。

在第二展厅，我们把绿松石镶金饰件的原件和经过南方科技大学科技攻关制作的绿松石镶金饰件复原件即一首双身龙形器共同展出，并配以科学复原过程和详细文字说明，既展出了商代先民精神信仰的重要物证，又展现了现代文物保护修复的成果与魅力。还有中国社会科学院考古研究所突破传统修复理念，保护性修复了数十件保留有碎器葬痕迹的青铜器，通过展出此类实物，让观众充分了解文物背后的历史信息，直观感受到盘龙城商代墓葬的碎器葬俗（图3-17）。

围绕陈列方案，我们就如何组织展品也想了很多办法，并不局限于文物本身，甚至打上了遗迹的主意。

在第一展厅的结尾处，两个落地的剖面展示展柜吸引着观众的注意力（图3-18）。这两个剖面来自2016年盘龙城考古队在杨家湾岗地和破口湖底部解剖的地层，分别揭示了商代盘龙城人的地形改造运动和盘龙城地区3500年间的水位变化，意义重大。当时，考古工作人员通过考古勘探、土壤微结构分析发现，盘龙城遗址在早商及中商文化时期存在较大面积的土地改造活动，涉及的社会劳动规模很大，体现了这处中心城市的生产组织能力。这是一个学术含量很高的研究成果。虽然彼时展览大纲尚未成形，但是考古领队已经很敏锐地意识到这样的地层剖面应该应用到展览中，通过直观、通俗的表现形式，将武汉地区人地变迁的学术研究成果与观众共享，让观众深刻体会盘龙城遗址作为"武汉城市之根""商代南方中心"的魅力。应该说，这也是长期以来盘龙城遗址博物院和武汉大学历史学院联合考古、研究中形成的默契：考古过程中时刻构思如何在博物馆和遗址区中展示、阐释考古成果。

王家嘴 4 号墓的新发现

　　王家嘴 4 号墓，发掘于 2018 年 1 月。长方形竖穴土坑，长约 2 米，宽约 1 米，未见葬具，墓主葬式不明。出土铜斝、铜爵、铜斝、象牙管、卜骨等文物 21 件。

　　此墓为目前所见盘龙城时代最晚的贵族墓，相当于中原地区殷墟文化一、二期之际。

▼ 王家嘴 4 号墓发掘现场 　　　　▼ 王家嘴 4 号墓出土铜爵与殷墟一、二期铜爵比较

图 3-16　王家嘴 4 号墓展柜（上）
图 3-17　杨家嘴 26 号墓体现碎器
葬俗的铜尊（下）

考古地层
ARCHAEOLOGICAL STRATIGRAPHY

解读历史年轮的密码
Tree rings of history

剖面解读

杨家湾岗地探方剖面

THE PROFILE OF
THE TRENCH AT YANG JIAWAN

杨家湾岗地探沟剖面

我们花了近三个月的时间，用最新技术在两处探沟完整揭取地层，移入特意新建的临时库房妥善保存，2018 年，地层剖面按照计划移入展厅，成为展厅中最特殊的一组展品。为了更好地诠释展品内涵，展览团队设计了剖面揭取流程的图文介绍，并制作了剖面形成过程模拟动画视频，分别形象地反映了商代盘龙城水位远低于现在；盘龙城先民在后期迁居至地势较高的杨家湾，为满足用水需求，曾将山下湖泊淤泥运到山上涵养水源。

我们把真实的地层剖面移入展厅，便于观众直观了解盘龙城遗址古今地理景观变迁和土地改造活动。考古遗迹进展厅也创新了展览展品类别。后来，小嘴 3 号墓的部分墓葬遗迹和盘龙城南城墙的石砌排水管道也都被搬进了展厅，增强了观众的考古现场体验感。

4.灵活多变：量身打造展出方式

确定展品之后，我们将大纲文案与展品相匹配，进行布展准备工作。此时我们发现，如果将文物展示与场景分开或是与研究信息分开，会削弱重要信息的阅读效果。综合考虑盘龙城遗址考古发掘历史背景和文物之间内在的关联性，我们确立了两种展品展现方式。

（1）展品组合成套式陈列

组合展品的最大特点是文物考古信息的集中呈现，有利于讲好文物背后的故事。根据展线布局和内容结构，巧妙自然地按照同一出土单位或者同一年代、器物类型进行反映文化场景、地域对比、历史演进等方面的文物陈列，最大限度上展现了盘龙城遗址的文化面貌和与其他地区的文化关联，力图全面、立体、真实地还原盘龙城遗址 3500 年前辉煌灿烂的青铜文明。例如在第二展厅"故邑风物"中，以典型墓葬单位的文物组合为主线介绍了盘龙城遗址 300 多年城市发展的三个阶段：聚落初兴阶段，杨家嘴 6 号墓、杨家湾 6 号墓的器物组合直观体现盘龙城文化早期阶段的发展转变，从尚未有随葬铜器现象到出现最早的

图 3-19　杨家嘴 6 号墓、杨家湾 6 号墓文物按出土单位组合陈列

青铜器随葬墓（图 3-19）；城邑繁盛阶段，通过杨家嘴 1 号墓的随葬品组合和李家嘴贵族墓葬的专门展区，以小见大地表现这一阶段的富庶繁荣；持续发展阶段，以杨家湾 13 号墓、杨家湾 17 号墓两个出土单位的随葬品组合展示盘龙城遗址在这一阶段所表现出的创造力特征（图 3-20）。按照出土单位展示是最符合考古遗址博物馆陈列特性的展出方式。

　　针对不同章节不同展板的主题内容，我们又按照专题内容组合文物，让观众在文字间发现规律、提出问题，在实物里求证解惑。将城邑生活和生产划分为不同的小专题，如饮食、军事、玉器琢制、青铜铸造等，各组文物分别呈现盘龙城各个方

图 3-20　杨家湾 13 号墓、杨家湾 17 号墓文物按出土单位组合陈列

面的物质文化。如碎器葬是盘龙城遗址丧葬仪式中的一种习俗，刻意将随葬品打碎后埋入墓中，背后暗含精神信仰的象征深意。盘龙城遗址高等级墓葬中，常常能看到散落在墓中的器物残片，这些残片上有明显的人为打击痕迹。但器物在久远的埋藏过程中本身就容易残破，如何让观众获得关于"碎器"的准确认知呢？于是，我们将一组带有明显打击痕迹的青铜器上墙展示，在背景版中明确指示出砸击点，示意碎器痕迹，相应配合展出一系列经过碎器仪式的文物，帮助观众理解（图 3-21）。

图 3-21　碎器葬专题组合陈列

（2）重点文物突出陈列

　　除了将文物以组合成套的形式展出，我们还根据大纲文案和文物特性，将极具代表性、文化内涵丰富、承载信息量较大的重点文物运用独立柜进行突出展示。如第二展厅的铜带鋬觚形器、绿松石镶金饰件、大铜鼎、大陶缸等。这些重点文物不仅以单独的展柜陈列，还辅之以单独的展板，或与同类器物和辅助展品相呼应。例如，第二展厅单独展出的大陶缸是盘龙城最具代表性的陶器，它不仅体量巨大、造型突出，而且功用成谜。有关陶缸的具体功能，一直以来都有诸多学术研究与讨论，它

图 3-22　大陶缸展出效果

无疑是盘龙城最受关注的一类陶器。我们重点展示的陶缸是盘龙城遗址目前发现的最大陶缸，有"缸王"之称。这件文物位于第二展厅的"城邑生产"子单元，接近展厅尾声。我们并不是孤立展示最大的一件陶缸，而是定制了一个大型的两面柜，在通柜中组合展出数十件体型不等的陶缸，形成陶缸矩阵，与独立柜两相呼应（图3-22）。与此同时通过提炼盘龙城文化元素，在展柜内安装了立体剪影场景，以此来还原文物的历史文化背景。通过这种组合式陈列和重点文物突出陈列的方式，升华了展陈空间，保证了文物信息传达的丰富性和准确性。

（三）生动的故事表达

我们在重视文物本体、陈述专业知识的同时，还十分注重参观者的主体地位，在展览中突出"人"。在主题明确的考古遗址展览中，打破沉静的展陈模式，把展览当作一个充满情感的温暖空间，营造专属于每个观者的情感体验。

展览关注三个不同身份的群体：第一，发现者、发掘者和研究者。盘龙城遗址的发掘与研究绝不只是冷冰冰的文字和图像，更是历代考古人的心血。第一展厅"浪淘千古"用珍贵的手迹、老照片和老物件集中叙述了这些盘龙城考古人的事迹，让观众沉浸其中。第二，盘龙城先民。随处可见的人物造型串联了三个展厅。紧紧围绕盘龙城的城、盘龙城的人、盘龙城人的精神、盘龙城人的技术等话题分板块展开，盘龙城先民的形象在展览中生动鲜活。第三，观众。考古学生涩难懂，展览要把研究成果转化为观众易于理解的语言，在现代人的语境中解释古代人的文化现象。我们通过具有遗址特色的氛围营造，给观众感官上的直接刺激，从而激发观众的观展热情和好奇心，无论是通畅的叙事逻辑、语言的通俗转化、文字数据的图像表达，还是互动装置和台面信息补充板的设置等，从展览策划到落地的每一个环节都站在观众的角度考量，让观展成为难忘的文化之旅。

1.繁简相宜：信息设置多元化

在确定展陈大纲以后，我们一直在思考如何有效传递展览信息，尽可能多地满足各类人群观展需求。一个展览，尤其是遗址类展览，很难避免展品同质化的问题，这就要求我们在挑选展品时必须非常谨慎，并不是说要将所有出土文物都陈列出来，不具代表性的器物、不足以佐证相关论点的器物，都不会出现在展览中。但是，我们又要讲述长达 300 年的盘龙城故事，展览的文本信息量是巨大的，展陈的文物又是相当有限的，如果不在信息设置上下苦功夫，文物很容易淹没于文字信息的海洋，失去光彩，变得模糊。而观众在一定的时间内能够获取的信息量也是有限的，超量的信息不仅使人疲劳，也会令人迷失，分不清重点。

展览的三个展厅中，尤以第二展厅的文物最多、信息量最大，经过数次讨论与调整，我们最终将海量信息分级分类，拆分成六种信息形式。

墙面信息：包括"故邑风物"展标、单元展标及介绍、遗址内涵诠释和阶段性学术研究结果等。例如，一走进第二展厅，迎着展标，一个倒"L"形展线随之展开，左侧墙面由三组分布图统领遗址点，分别表现聚落初兴、城邑繁盛和城邑的持续发展三个阶段，紧邻墙面信息的展柜里，则陈列着三个阶段各自的代表性出土文物，多以墓葬为单位组合式陈列（图3-23）。墙面信息通常较为丰富，图文结合，所占版面较大，一般为对应柜内文物的基础背景信息。

柜内信息：不同于墙面信息，柜内信息设置非常简练。对于成套展示的文物，配以具体遗址的简略介绍，辅之以简单的遗迹线图，如墓葬平面图等；对于重点文物，则将重要信息都放在了柜内说明牌上。力图简洁、精练，让观众始终聚焦于文物，做到小而精（图3-24）。

垂幔信息：除了通柜、独立柜，第二展厅内还定制了相当数量的台面柜。通透的五面柜组成开放的展区，没有任何展墙的分割，最大限度减少视觉上的阻隔。但因此能够呈现的信息极少，柜内仅能提供基础的文物信息。为了不影响视觉观感，同时保证充足解读，我们按需在相关展柜设置了垂幔。例如紧接"城邑演变"单元结尾，我们选择以台面柜的形式集中展示杨家湾17号墓出土文物，以此表现盘龙城第三个阶段的文化面貌。杨家湾17号墓是盘龙城第三阶段最具代表性的墓葬之一，出土有绿松石镶金饰件、铜带鎏觚形器等重要文物。基础的文物信息显然不足以诠释17号墓的文化内涵，展柜上方的垂幔以图文相结合的方式呈现了该墓最新研究成果，并具有一定的装饰效果（图3-25）。

多媒体信息：为了减轻知识的枯燥性，增强展览的趣味性和可读性，我们还在展厅放置了多媒体设备，投放关于宫殿建造过程、钺的作用和性质、青铜器铸造过程、落葬礼等内容的视频。这些视频或安置于展墙之上，或位于展柜之内，或投影于垂幔，形式多变（图3-26）。

台面信息：在定制台面柜时，我们特意将部分台面区域设置为活动金属板，嵌合于主体展台之上。在这些活动的台面上的橙红色区域，我们补充了相当多的延伸信息，类似于知识外链（图3-27），如尊和罍的比较、青铜工具出现的意义、爵柱和斝柱的功用、铜镞的分类等。

滚筒信息：为了增强展览的互动性，我们还设置了几种类型的滚筒，比如杨家湾 17 号墓、李家嘴贵族墓葬区的台面柜前，都装置有红色方形滚筒，可以拼合盘龙城代表性纹饰的拓片（图3-28）；在饮食专题展区，则设置了多面滚筒，观众可以尝试将鼎、鬲、甗等器物和现代具有相似功用的厨房用品对应起来。让观众在动手的同时自然而然解锁相关信息。

这六种信息形式，既保障了展览的完整性和知识性，又增添了可看性和趣味性，将选择的权利交给观众。无论是想快速浏览展厅获得盘龙城基础知识，还是专注欣赏文物之美，抑或是想细细品读文化内涵，又或者是想要获取更多的延伸知识点，甚至是单纯被互动装置体验吸引……观众的各种需求在展厅中都能得到满足。

2.图文并茂：学术成果通俗化

作为一个考古遗址类博物馆，我们的展览以专业的考古学知识为基础，这些自论文、简报、报告转化而来的展览内容距离普通观众太过遥远。为了将晦涩难懂的考古学成果通俗化，我们在展览框架、展品遴选、信息设置等方面都做出过许多努力。

图文结合是比较适用且行之有效的一种方法。以盘龙城的分期为例，此前学术界讨论盘龙城文化的发展，多以盘龙城发掘报告中的"七期说"为据。依据典型出土器物的变化来划分遗址发展阶段，是考古学常用的分期方法，但我们讲述盘龙城 300 年的变迁，显然不能照搬考古学的分期来设置展览内容，一方面，"七期说"太过专业，很难让观众通过器物形制的变化去理解聚落发展的变化；另一方面，分期过细，并不适宜作为展览的时间框架，也不能够表现展览想回答的问题。因而，我们将盘龙城聚落的发展划分为三个阶段，分别对应展览中的"聚落初兴""城邑繁盛""持续发展"阶段。并在每个阶段的开端，用简化的遗址分布图配合可以亮灯的遗址点图标，生动形象地展现不同阶段盘龙城聚落的发展变化。我们还特意用透明亚克力板制作了盘龙城"七期说"图表，装置于第二展厅紧邻展标的展墙一侧，

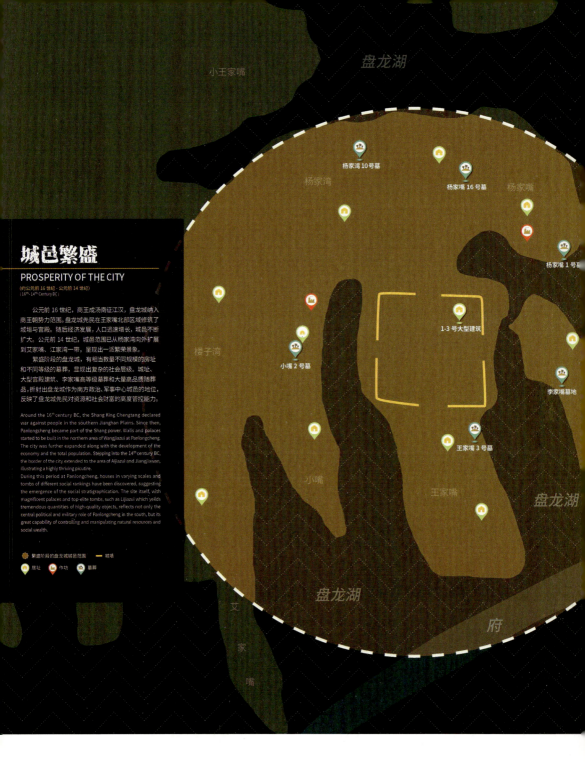

城邑繁盛

PROSPERITY OF THE CITY

(约公元前 16 世纪 - 公元前 14 世纪)
(16th - 14th Century BC)

公元前 16 世纪，商王成汤南征江汉，盘龙城纳入商王朝势力范围。盘龙城先民在王家嘴北部区域修筑了城垣与宫殿。随后经济发展，人口迅速增长，城邑不断扩大。公元前 14 世纪，城邑范围已从杨家湾向外扩展到艾家嘴、江家湾一带，呈现出一派繁荣景象。

繁盛阶段的盘龙城，有相当数量不同规模的房址和不同等级的墓葬，显现出复杂的社会层级。城址、大型宫殿建筑、李家嘴高等级墓葬和大量高品质随葬品，折射出盘龙城作为南方政治、军事中心城邑的地位，反映了盘龙城先民对资源和社会财富的高度管控能力。

Around the 16th century BC, the Shang King Chengtang declared war against people in the southern Jianghan Plains. Since then, Panlongcheng became part of the Shang power. Walls and palaces started to be built in the northern area of Wangjiazui at Panlongcheng. The city was further expanded along with the development of the economy and the total population. Stepping into the 14th century BC, the border of the city extended to the area of Aijiazui and Jiangjiawan, illustrating a highly thriving picuture.

During this period at Panlongcheng, houses in varying scales and tombs of different social rankings have been discovered, suggesting the emergence of the social stratigraphication. The site itself, with magnificent palaces and top-elite tombs, such as Lijiazui which yeilds tremendous quantities of high-quality objects, reflects not only the central political and military role of Panlongcheng in the south, but its great capability of controlling and manipulating natural resources and social wealth.

繁盛阶段的盘龙城城邑范围　　城墙

房址　　作坊　　墓葬

图 3-23　丰富的墙面信息

李家嘴贵族墓地
Elite burials at Lijiazui

李家嘴墓地是盘龙城繁盛阶段的大型贵族墓地，目前发现墓葬5座，其中1座被盗，另4座出土大量青铜器、玉器等精美文物，代表了当时青铜文化发展的高超水平。

■ 李家嘴贵族墓地出土青铜器

■ 李家嘴墓地平面布局

4号墓
3号墓
2号墓
5号墓

李家嘴

1号墓

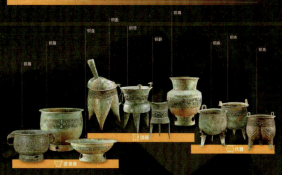

铜盉
铜盘
铜斝
铜尊
铜簋
铜觚
铜爵
铜鼎
铜鬲
铜斝

酒器

炊器

盛食器

图 3-24　李家嘴贵族墓葬文物柜内说明牌（上）

图 3-25　杨家湾 17 号墓文物展区垂幔做展板（下）

图 3-26　第二展厅多媒体应用场景（上）

图 3-27　台面信息补充板的应用（下）

图 3-28　青铜器纹饰拼读滚筒

置于展现聚落发展演变之前。这样既保留了原始考古研究成果，又通过艺术化处理，将枯燥的器物分类变成展览中的视觉点缀（图3-29）。类似的手法在展览中处处可见，比如一进入第二展厅便映入眼帘的盘龙城碳14测年数据汇总，"城邑生产"中普通陶器和印纹硬陶、原始瓷的比较等。

　　此外，我们还针对性地将图文说明进一步细化。在展厅中，陈列的主体文物集中于商时期。这些古老器物存在的时间太过久远，大多有着生僻而拗口的名字。为了优化普通观众的参观体验，我们在文字说明牌上对生僻字都标注拼音，对重要文物也有通俗易懂的文字介绍，尽量规避考古器物学的专业语言。此外我们还在盘龙城文物的出土单位一栏特别标注出出土遗址中的小地点，与遗址公园的导览系统相呼应，能够让观众在遗址区参观时把遗址和出土文物对应起来。对一些重要的文物展品，我们还在柜内配有发掘照片和出土平面图，内容信息丰富，满足不同层次观众的需求。

3.款语温言：展览语言诗意化

在整个展览中，我们保持着相对统一的主题文风，遵循着简练、准确、生动的原则，契合考古遗址的严肃性和公众传播的通俗化，正如我们的展览展标"江汉泱泱　商邑煌煌"，古韵悠扬，诗意盎然；"盘龙城遗址陈列"，简明扼要，朴实无华。一雅一俗，相得益彰。

展览文风并非一成不变，在通俗易懂的展览文本中，点缀一些诗意化的语言，有时能取得意想不到的效果。从展览语言层级而言，前言和结语不同于说明性较强的展览主体内容，文风体例相对更为自由。再加上我们希望观众在参观展览之前，就能消解掉一些考古学晦涩难懂的普遍印象，因此不同于一般学术性展览较为工整的前言，我们以饱满的热情绘就浪漫而诗意的篇章。

前言

长江与黄河，同为华夏青铜文明故乡。

长江青铜文明源头，武汉城市根基，在盘龙城。

这儿，曾经创造出繁荣国度的种种神奇，更留下无数难解谜团。

人们寻找到祖先遗存瑰宝：城址、宫殿、金玉、陶瓷。

每一样都凝聚着先贤的智慧光芒、心血汗水。

它们以无声的语言，揭示尘封秘密，诉说世事沧桑。

古人脚步早已远离，逝去岁月难以重现。

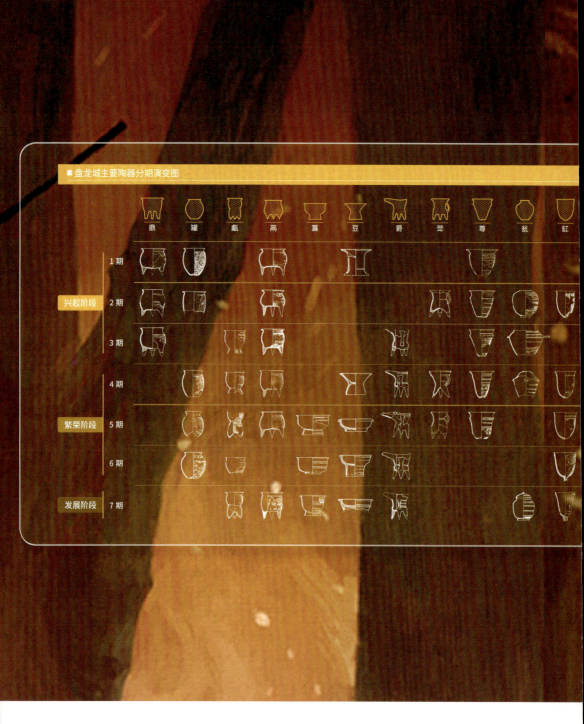

图 3-29 "七期说"图表亚克力装置

原始瓷尊　原始瓷罐　原始瓷瓮

聚落初兴

THE DAWN OF
THE SETTLEMENT

(约公元前 17 世纪——公元前 16 世纪)
(17th - 16th Century BC)

　　约公元前 17 世纪的夏代晚期，盘龙城第一批先民在王家嘴定居。他们在这里开荒拓土、繁衍生息，聚落范围不断扩大。至公元前 16 世纪的夏商之际，已形成以王家嘴、李家嘴、杨家嘴、杨家湾为边线的聚落范围，规模相当可观。

Around the 17th Century BC (equivalent to the late Xia dynasty in China), the first group of people settled at Wangjiazui of Panlongcheng. The area of the settlement was constantly increased as a result of agricultural expansion and population growth. During the 16th Century BC, which is the transitional period between Xia and Shang, the overall area of the settlement reached to an extraordinary level, marked by the section of Wangjiazui, Lijiazui, Yanjiazui and Yangjiawan.

 初兴阶段的盘龙城聚落范围

居址　　作坊　　墓葬

图 3-30　《前世今生》视频画面（组图）

　　当你目睹件件文物，无论它简陋还是精美，完整还是残缺，能不肃然起敬，为祖先骄傲自豪？

　　能不触发历史思绪，激情联想？

　　也许，这是历史有意设下迷局，借以启迪后世智慧；

　　也许，那是神明特别选择的法器，旨在升华人类灵魂。

　　是的！似一幅画，线条粗犷而构思精妙；如一首歌，音质浑厚而格调深沉。

　　那是一坛珍藏三千五百年的甘醇老酒，芳馨四溢，余味无穷……

　　在展览的尾厅，我们打造了弧幕影院，希望能以一个短小精悍的影片来做收尾。盘龙城消亡之际，殷墟的繁荣悄然兴起，这不是一个时代的终结，而是新篇章的开始，中国青铜文明史上一个更加辉煌的高峰期悄然来临。虽然影片出现在展览的结尾，但是整个观展的情绪落在影片上应该是一个高潮。脚本文案既要精练概括盘龙城的"前世"，又要展望盘龙城的"今生"，平铺直叙说明式的表达显然不行，只有饱含深情的文字才能直击人心。

　　我们改了一版又一版的文稿，最终决定，以绿松石镶金饰件为第一视角，把它视为盘龙城的守护者，与前言中"神明的法器"相呼应，写就终版旁白。在视频制作公司提供的几个配音选段中，我们没有采用严肃的说教式讲解，也没有采用大气磅礴的朗诵式解说，而是在由缓至急的音乐声中，用温柔的女声，代入"守护精灵"的口吻，静静诉说、娓娓道来。观众的目光随精灵的飞舞在古今城市间穿梭，仿佛真的随着它一起目睹古邑兴衰，见证遗址重生（图3-30）。这部纪录片不仅叙述了盘龙城历史，更让观众置身于故事中，放大对伟大的盘龙城先民和现代武汉城市飞速发展的感触，最后带着这份震撼和感动走出展厅，回到现实……

《前世今生》解说词

守候盘龙城的我，与驻足凝望历史的你们，在此相会。那一段段深埋底下的密码，历经千年风雨，跨越朝代更迭，重组再现。拂去尘埃，吹落星光，开启武汉长达 3500 年的时光大门。

斗转星移，沧海桑田，3500 年前的商代，盘龙城内外水泽密布，树木丛生，茅舍里，田地间，作坊内忙碌而有序。人们修筑城垣，开挖壕沟，大兴建筑，宫殿中轴式前朝后寝的布局，开创了中国历代宫殿布局先河。在这座古老的商代城址之上，我目睹了贵族统治者大兴厚葬之风，用琳琅满目、造型精巧的随葬品肆意彰显着权力与财富。我触摸到工匠制作青铜器、琢制玉器时辛苦劳作的身影，鲜活的历史，在我眼前流动，在我身边游走。我是守护他们的精灵，静静见证着这座城邑日渐繁盛。

经过百年的休养生息，人们的活动区域渐次增广，约公元前 14 世纪，城邑面积扩大，人口增多，开始向地势更加开阔的杨家湾迁移。但历史变迁，存世三百年之后，盘龙城趋于沉寂，宫殿坍圮，先民远去，我随着这座 3500 年前的古城，覆上历史尘埃，陷入沉沉睡眠。

1954 年的一场洪水，让盘龙城再次面向世人。千年的沉淀仿佛只是小寐了片刻，这座古老而神秘的商代遗址慢慢恢复着呼吸的脉络，众多的疑惑展现在世人面前，人们不断发掘、不断破解，用今生再现前世。

盘龙城，武汉城市之根，我的栖息之所，她是武汉古代城市文明最初的印记，她是长江、黄河同属华夏文明的实物见证，荏苒时光覆盖的岁月，如白驹过隙，伴着风，随着雨，我与这片土地融为一体。在数千年的光阴里，我静静地凝望着这片土地，这里正发生着旷世巨变，驰骋向前。

关于我，我还需要你们来完成更多的解读，探寻历史的真相。关于我们，我用先民倾注的心血和汗水继续守护。从盘龙城到武汉，一次次的蜕变，血脉永续，勇往直前。我的故事早已开始，而我们的故事定将承续辉煌。盘龙城前世的精彩成为留存的文化。宫殿、城墙、贵族墓葬区、冶炼作坊，这些谜一样的千年遗存，也许是历史有意设下的迷局，借以启迪后世。也许是神明特别选择的法器护佑一方，还有更多的答案就在遗址中！

二、一场时间与空间的对话：展览设计解读

我们在拟定盘龙城遗址陈列设计方案之初，就计划运用返璞归真的思维，为盘龙城定制一个专属展示空间。以全新的设计理念，对展示内容进行诠释与解读，用干净而纯粹的设计风格，让展览设计聚焦于内容解读与展项组织上来，力求在各个展示环节中不断推陈出新，一次又一次地探索展陈设计"边界拓展"，实现创新。我们尝试在坚持功能性原则的基础上，大胆强化展览艺术设计风格的辨识度，定制有记忆点的形式设计。考古语言晦涩难懂，更需要设计工作的辅助，把研究成果转化为公众易于理解的语言，在现代人的语境中解释古代人的文化现象。最终展览的内容与形式实现高度统一，互不脱节，通过具有盘龙城遗址特色的艺术设计，激发观众的观展热情和好奇心，赋予观众直观的感受，用独到的艺术风格，打开时空大门，让观展成为难忘的文化之旅。

（一）以最现代的风格讲述最古老的故事

1.谋篇布局：展馆建筑的设计逻辑

　　盘龙城遗址博物院建筑的建设方案于 2016 年完成，此时终版展览大纲撰写工作才刚刚起步，当时我们就考虑，不能单纯地把博物馆建筑当成一座房子，将展览塞进去就万事大吉，而是要让建筑服务于展览，成为展览的一部分。为展览量身定制展陈空间正是建设考古遗址博物馆馆舍的初衷之一。因此在大纲框架确立之后，我们第一时间与中南建筑设计院团队充分沟通，让他们了解我们的展览构想，将展览的初步空间规划纳入建筑设计之中。

　　展陈区位于博物院南侧，从博物院正门进入，右转可直通展厅。基本陈列划分为三个展厅，各有一个入口和一个出口，从第一展厅出口直行十余米便可进入第二展厅,第二展厅的出口与第三展厅的入口两两相对,整体流线直观便捷，无须走"回头路"（图 3-31）。展厅设计平面方正、尺度适宜，与各个展厅的展陈主题相吻合。第一展厅作为展览的引导，面积较小，为 934 平方米；第二展厅是整个展览的重心，展览内容与陈列的文物都最为丰富，与之相应，展陈面积达到了 1440 平方米，规划时考虑到未来可能采用考古遗址的复原模拟展示还原商代场景，展厅中心区域范围灵活可变；第三展厅是我们整个展览的结尾，也是展览内容的升华。考虑到盘龙城目前仅发掘了不到 2% 的面积，未来可能会有更多甚至是全新的考古发现，我们特意将第三展厅设计为"小面积、大挑高"的展示空间，面积仅为 817 平方米，但内部挑高达到 8.5 米，这样既能满足目前展览的需求,不会显得过于空旷,又为未来展览内容的变化留有可施展的空间。

　　馆舍的空间布局也表现在建筑外观上，在规整的建筑表面隆起大小相间、高低错落的展厅屋面，既保证了足够的室内空间，又与自然坡地巧妙融合，产生层层叠落的视觉美感。我们在第二展厅的东面墙体还开辟出整片落地视窗，

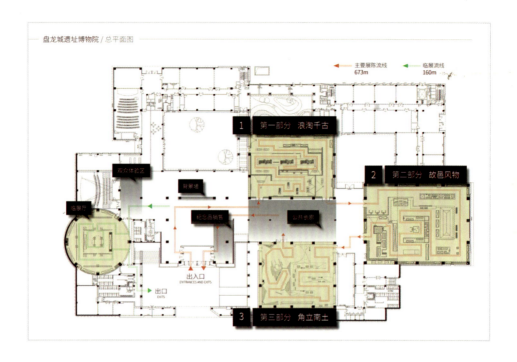

图 3-31 盘龙城遗址博物院一层平面

连通遗址与展厅内部，让展厅不再是封闭孤立的空间，也为后续的展陈设计和宫殿
复原展示增加了创意亮点。

　　展览设计团队在馆舍建设的中途就参与进来，同我们与建设方深入沟通后，
结合展厅空间特点开始定制整体艺术设计方案。展厅内采用通透式空间布局，三
个展厅空间内部均未设置立柱，通透悦目，避免了视觉上的闭塞与拥堵，给观众
带来开阔感受的同时，也让展陈设计不受立柱和隔墙的制约，大大增强了布展
的灵活性。我们在设计时大胆地保留了展厅建筑天顶的井字状结构，一方面保
证了空间的大挑高，避免压抑感，另一方面则是模仿"考古探方"的物象表达

图 3-32　展厅保留开阔空间和井字状天顶

（图 3-32）。探方是考古工作中基本的发掘单位，盘龙城遗址的考古成果正是自一个个考古探方的发掘一点点积累而来，整个策展团队又多为考古学背景，讲到考古故事，大家都对探方有着深深的情感，以天顶上的"考古探方"这一物象联通古今，令遗址与展览相融相生。

2.一空依傍：设计风格与艺术理念

在这场展览之前，盘龙城遗址上从未举办过大规模、成体系的展览，而我国的考古遗址博物馆也正处于摸着石头过河的阶段，可以说这是我们对当代展陈设计理念的探索，更是对遗址博物馆展示创新的大胆尝试。我们的展览工作交托于广东省集美设计工程有限公司的邵战赢设计团队进行整体的形式设计，经过充分交流，我们与设计师一拍即合，决定打破考古遗址枯燥的刻板印象，在观念上力求创新与突破，将建筑本身的空间优势、展览内容的专业优势、研究成果的专属优势，三位一体、强强联合共同构成了具有盘龙城特色的展陈效果。

展览的形式设计融合了专业性、艺术性、辨识度、安全性、人性化、科技性等设计理念，策展的过程从始至终都遵循着这些理念，避免"跑偏"：严格遵守展览大纲要求和专家意见，遵循历史原真性，绝不做脱离科学依据、过度想象的延伸；将现代审美与历史传统巧妙结合，带给观众耳目一新的感受，拒绝审美疲劳，用色彩明艳、直观生动的画面激发观众强烈的感官体验，用具有辨识度的艺术设计让观众产生难以忘怀的记忆；各展厅章节设计风格统一，用一以贯之的设计元素连接，观众置身其间虽然会感受到展厅与展厅、话题与话题的转换，但不会产生跳跃的陌生感；展陈设计以人为本，充分考虑当今观众的阅读习惯，强调展览信息图像化、简洁化、重视信息互动，在展览中加入自主操作的互动装置，建立人与空间、人与展品、空间与展品以及功能服务与人、物之间的亲和关系，使展陈形式表达更为多样化。

从理念到设计，从图纸到实施，我们策展办展历经不少坎坷，有时是设计很好，但工艺达不到，有时是实物与预想有差距，有时则是施工迟缓……为了让我们院方、设计师、施工方三方能够互相知悉展览进度，保证质量和效率，我们每周一都会在老馆陈旧的会议室召开展陈例会，院长、副院长、策展的小伙伴们全员参与，探讨到关键问题时，也不乏争得面红耳赤的场景。每个展览推进的重要环节，我们都会要求施工方制作项目节点计划表，邀请监理严格监督施工进度。无论硬件还是软件，比如扶手、彩立面、丝网印、模型、视频等，如果效果不达标，我们一定会要求重新制作……就是在这样不断追求完美的"斗争"中，设计理念真正落地，才最终实现盘龙城遗址陈列的最佳效果。

3.移步换景：参观动线与空间转场

从宏观到微观、从整体到局部，我们对展览形式进行了全方位设计，最终呈现出充分利用展馆建筑结构和展厅空间结构的格局。我们的展项设计结合展览主题、展示重点和亮点，依据观展流线与内容分区，以独立场景、展柜、展台组合成线性实体。在设计人员精益求精的努力下构建出了空间分割疏密合理，参观路线流畅，兼具艺术性、创造性、科学性和安全性的展厅空间效果，同时达到展厅空间利用最大化。空间布局的通透舒朗，空间划分的灵活多样，为观众营造轻松的参观氛围，呈现具有现代韵味的展陈空间。

第一展厅"浪淘千古"由三个单元和两条时间线组成，我们根据展览内容和展线设置将展厅分为四组展陈空间（图3-33）。观众一步入展厅，迎面而来的便是序厅。盘龙城遗址对于一般观众而言，还是相对较为陌生的存在，我们需要让大家在正式参观之前，对盘龙城形成一个基本的了解，因而在序厅设置了《盘龙城——武汉城市之根》视频，结合地面沙盘模型，概述盘龙城遗址的基本信息。这片区域面积宽阔，没有放置过多的文字展板和文物，适宜驻足逗留；高清大屏竖向投影方便人们抬头观看而不至于拥堵于看台前。

经过序厅以后，向右移步，便可进入展览的第一单元——发现盘龙城。这一单元自成一个展陈空间，从1954年百年不遇的特大洪水开始，以台面柜、光栅画、《揭开古邑面纱——蓝蔚先生发现盘龙城经过》大幅投影视频等表达方式，讲述盘龙城遗址最初的发现过程。在单元结尾以一段向上的缓坡示意展览即将进入下一单元——认知盘龙城，缓坡旁竖一矮墙隔断，概要性展示盘龙城遗址历年发掘情况，铺垫引出下一单元。第二单元则以四面不及顶的矮墙与玻璃围栏合围而成独立的展陈空间，以时间为线索，设置三组台面柜，其间穿插设置竖向文字说明板，结合图文、考古资产、考古工作场景复原等方式将盘龙城的考古历程娓娓道来。"发现盘龙城"与"认知盘龙城"两个单元为同一条叙事

图 3-33　第一展厅展线设计

时间线，将从 1954 年至今的发现、发掘、研究作为展示内容，在空间上联系也更为紧密、设计风格更为相似，如都采用了"顶天立地"的金属说明板作为小节引导。

　　第二单元结尾又以一段向下的缓坡示意展览进入第三单元——寻根大武汉，缓坡一侧诠释了盘龙城遗址被称作"武汉城市之根"的原因及意义。该单元另起一条叙事时间线，以武汉历史变迁为基，从"石器传承""陶瓷传承""青铜传承""尚武传统"四个角度，表现盘龙城作为武汉城市之根在城市历史发展轨迹中所产生的影响。直行展线简约流畅，文物展柜列于展线两侧，还将《盘龙城的地理格局》多媒体视频投向地面，高效利用了展陈空间，同时也加强了视频的互动效果。当参观流线折向出口方向时，展陈话题则笔锋一转，从两块真实的考古地层开始追溯盘龙城的人地变迁。在展厅出口处，立有一组金属人物与丛林剪影，指引观众下一展厅即将进入300年盘龙城文化的专属空间。

第二展厅由四个单元和两条叙事线组成，我们根据展览内容和展线设置将展厅分为三组展陈空间，其中"城邑建筑"单元随展项布局被拆分在两处（图3-34）。展厅入口处以影壁式的展标将盘龙城的"内"与"外"区分开来，绕过展标便正式进入"盘龙城的世界"，观众的盘龙城之旅由此启程。第一单元"城邑演变"以盘龙城的初兴期、繁盛期和持续发展期三个阶段为脉络，以盘龙城约300年的存续史为时间线索还原聚落的兴衰变迁。聚落初兴之时，盘龙城尚未修筑城墙，我们仅选择这一阶段的代表性墓葬和出土文物作为展示要点。城邑繁盛之时盘龙城大兴土木，涌现了城墙、城壕、宫殿等大型建筑工事，我们特意将展厅四周的墙面塑造成城墙夯土的模样，从繁盛期展区横向伸出城墙的两端，代表"城门"，夯土墙面则由城邑繁盛展区一直延伸至第二展厅尾端，用象征性的"城墙"围合出展陈空间。盘龙城人还在繁盛期营造了宫殿，因此我们在"城邑繁盛"小节的流线中设置有宫殿建筑模型，正好又处于展厅中轴线上，正对展厅朝外的窗口，顺势将城邑建筑中的部分内容和宫殿复原视频置于宫殿模型两侧的展墙上，令知识点衔接更为流畅。

第二单元"城邑生活"以一面独立的展墙开启，首先将盘龙城的"居民"推入观众视野。"城邑生活"与"城邑生产"两单元为同一叙事线，从生产生活的多个方面阐释盘龙城人创造的丰富物质文化，而叙事的灵魂便是"居民"，后续的展陈都由此展开。"城邑生活"单元的参观动线大致呈"回"字形。宫殿模型背后设置三个展柜，沿流线分别组合陈列了普通平民、一般贵族和高级贵族的随葬品，既不浪费模型背后的空间，又能将宫殿半遮掩起来。进入"回"

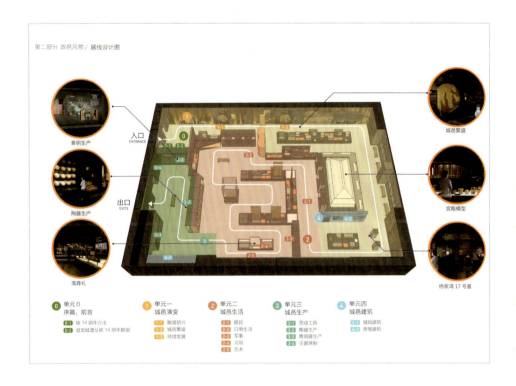

图 3-34　第二展厅展线设计

字形空间，展览将盘龙城的饮、食、行、军事、习俗、艺术等铺陈开来，把最具代表性的青铜大圆鼎和大陶缸作为单元的视觉中心，以"炊器的使用""盘龙城的生活场景"两大钢网人场景为辅助展项，按不同比例复原墓葬模型，并使其内嵌于水平台面之上，纵向垂幔上投影视频讲述盘龙城的落葬礼，单元结尾以一整个通柜的大陶缸场景式矩阵收尾。为避免展项组织的扁平化，增加了从天顶垂挂下来的竖向垂幔，有效调节展线纵向与横向的视觉关系。整体空间设计舒朗，重点展项布局均衡，展陈信息排布有疾有徐，参观节奏有起有伏。

　　第三单元"城邑生产"开端正处于展厅西南角落，不适于放置过多展陈内容，于是我们另辟蹊径，将近年遗址南城墙发掘出土的石砌排水涵道裸展于此。"城邑生产"单元位于大陶缸通柜背侧，划分为劳动工具、陶器生产、玉器琢制和青铜器生产四个小节。展线设计时有意将陶器生产安排于大陶缸近旁，令二者的展陈内容和形式都紧密相连，也使第二、三单元的衔接更为顺畅。为了解决单元空间较为局促的问题，把青铜器生产的多媒体视频投影于柜内展板上，并将小嘴铸铜作坊的航拍模型纵向装置在柜内，既节省了展示空间，又让文物、图文、模型与视频相辅相成，使知识传达直观便捷。

　　第三展厅"角立南土"共有三个内容单元和一个尾声单元，展厅由此划分出三组展示空间（图3-35）。一进入展厅，观众首先看到的是正前方与右侧方竖起的两面高墙，醒目的展标就高悬于正前方的墙面。前两个单元以及腰的台面和台面柜构筑出"S"形参观流线。

　　第一单元"盘龙城与夏商王朝"，从空间和时间两个方面探讨了盘龙城所处的地理环境和历史更迭。展标之下，我们定制了竖起的镜面屏幕，与台面投影视频相结合，表现盘龙城时代古代中国的概貌；左侧台面上耸立起三角形的"山峰"作为展板，展现中原与盘龙城考古学文化和历史大事件的时间轴；右侧高墙绘制大幅夏商时期中国主要考古学文化分布图。绕过"山峰"，展线两侧放置盘龙城时期中原地区的文物，并探讨盘龙城兴起的原因。

　　紧邻其后，便来到第二单元"文化交融"，我们利用台面柜中的文物对比体现盘龙城与周边考古学文化、盘龙城与中原文化的关联。简明扼要、图文相佐的信息传递方式与适度的文物数量避免展线的拥堵，在"S"形流线的末尾，同时也是展厅南墙边的长形通柜内装饰有一整幅场景画，让文物与画面共同组成了盘龙城繁荣的社会景象，也暗示即将进入展陈内容的升华部分"南土重镇"。

　　这一单元没有文物也没有隔断，我们用从天顶落下的垂幔作为说明板和投影布，形成自由的参观流线，仿佛在丛林中探寻、阅读、发现盘龙城作为商朝

图 3-35　三展厅展线设计

南土中心城邑的历史意义与地位。

　　整个展览最终的尾声"潮生中原"位于第三展厅的结尾处，以一架解构的马车为视觉中心，象征历史车轮下青铜文明旧篇章的落幕和新辉煌的开启。此时从天顶垂下"盘龙城的未解之谜"，留出猜想的空间，让观众展开思索，再次回味展览，同时也将"以问题为引导"的设计思路贯穿首尾。弧幕影院靠近展厅出口，以一段倒叙将盘龙城的前世今生娓娓道来。展厅外划出一片公共空间，设置了观景天窗和休息区，可以让观众在此驻足、欣赏、回味，从盘龙城的世界回到现实时空。

图 3-36　20 世纪 80 年代考古发掘纪实与"科技展望"展区色彩对比（上）
图 3-37　"寻根大武汉"空间色彩（下）

4.斑斓入画：展陈艺术的色彩表达

为了让展览赏心悦目，一目了然，我们在展览的色彩设计上也下了一番功夫。展陈空间主色调以深色为主，寓意盘龙城时代的遥远与神秘、盘龙城文化的深厚与庄重。深邃的色彩环境始终给柜内文物留有"余地"，充分呈现文物本色，即便是不起眼的陶器也能在这样的色调背景中自然"跳跃"出来，令人瞩目。明艳的饱和色则多用于传递知识信息的展板、多媒体等，以提示内容要点，强化观众记忆。

色觉感知能够塑造展览的第一印象，我们格外注重让展陈的色彩设计与展览内容相对应，色彩的点缀绝不脱离内容的需求。第一展厅"浪淘千古"从故纸旧影的黑白文字、黑白影像中一步步看清盘龙城遗址，我们特意将第一展厅中同属一条时间线索的"发现盘龙城""认知盘龙城"的单元色彩都设计为黑白色，单元展标的底色、背景图案与文字也皆为灰度色调。墙面上放大的抗洪抢险照片、考古发掘旧影、考古亲历者的人像特写、老旧电视中播放的黑白视频、满墙《蓝蔚先生与游绍奇先生探寻盘龙城》光栅画和大幅投影视频，都以黑白的色彩效果呈现，既符合那个年代的真实情况，又营造了一种怀旧的氛围。除了回溯考古历程的主线索外，还穿插归纳总结的辅线，这部分则选用亮眼的色彩绘制，提示观众关注重点信息。序厅的多媒体解读视频、盘龙城遗址历年发掘情况、21世纪考古新发现、考古发掘基本流程图解及展板标题等内容便采用了多色彩的画面进行展示。而在"科技展望"小节，空间色彩一改之前的黑与白，转而用富有现代感的深蓝色和颇具科技感的图表标识，让观众回到现在，展望未来（图3-36）。第三单元"寻根大武汉"延续了第二单元末尾的蓝色调，蓝色寓意"水"，水网变迁与武汉的聚落城市变迁密切相关（图3-37）。展厅结尾展出的两块地层，辅以暖色调的灯光和色彩丰富的动画解说视频，与前序的冷色调对比强烈，让本就呈现红色的土层更加吸人眼球，使观众的注意力从大武汉重新聚焦回盘龙城。

目光转向第二展厅，我们在展厅整体深色的基础上，用三种色调将三个单元的

图 3-38　第二展厅 "故邑风物" （上）
图 3-39　展厅视窗扫下蓝色光影（下）

展陈空间区分开来。第一单元"城邑演变"以地层土壤的黄褐色、红色、深棕色等同色系的"土色"为主题色彩，第二展厅展标"故邑风物"也将底纹中的兽面呈现为黄色，与邻近的单元相得益彰（图3-38）。土色意味着盘龙城遗址的夯土城墙，意味着考古发掘的考古地层，意味着宫殿的夯土台基和茅草屋顶，色调与展览内涵极尽契合。在土色之外也利用绿色的柜内背景画、蓝色的窗边光影和橙色的知识信息板调和色彩，缓解视觉疲劳（图3-39）。第二单元"城邑生活"以深绿、黄绿、铜绿等绿色调为主体，代表盘龙城先民生活于草木葱葱的自然环境中，也代表着由盘龙城先民所创造的以青铜器为代表的物质文化，寓意着盘龙城蓬勃向上的勃勃生机。台面的知识信息板和互动装置以醒目的橙色穿插其间（图3-40），视频动画也保持一贯的风格，为深色调的展厅背景带来活泼的气氛。第三单元"城邑生产"以满布繁星的深空之色，象征盘龙城拥有非凡的技术——铸铜、制陶、琢玉、农耕……生产技术的辉煌如同夜空的星星一般闪耀。

最后来到第三展厅"角立南土"，我们将其整体设计为统一的空间色调，用长江水系网络衬底，以长江江水之"蓝"调色为展厅大面积的墙面、展板背景和台面底色，生出一种浑然一体、大气磅礴的展陈氛围，也烘托出盘龙城遗址的历史地位（图3-41）。在深蓝的底色之间，绿色或土棕色的场景展柜点亮其中，正是长江岸边傍水而居的盘龙城人的写照。来到"南土重镇"单元，则在蓝色的基础上增加了土棕色，置于绵延起伏的山体造型和从天而降的垂幔上，这是滋养盘龙城的沃土之色，也是数千年间将盘龙城尘封的土层之色。

5.光影玲珑：精妙布光下的文明再现

办展过程中，我们邀请了武汉市中山舰博物馆的副馆长刘新阳作为我们展览形式设计的顾问，他在博物馆展览的形式设计方面颇有经验。刘新阳副馆长很注重展览灯光的运用，灯光虽然不是展览的主角，但其位置、照度、颜色、氛围等因素却

图 3-40　醒目跳跃的橙色信息板（上）

图 3-41　"角立南土"空间色调（下）

深刻影响着展厅的明暗分区、阅读视觉感受、文物呈现、色彩表达等关键环节，可以说展陈灯光设计直接决定了展览的参观效果，只有优秀的布光才能带给观众愉悦的艺术体验。因此，我们十分重视灯具的选用、灯光设计和布展打光。我们在策展过程中严格采用专业的灯光设计，展厅灯光明暗适宜，重点突出，同时合理利用自然光营造意境；柜内柜外灯光设计和灯具选用主要考虑三方面的因素，即文物展品、展柜条件、观展感受，以文物的陈列为主体，以展示效果为要求，充分利用当代照明科技，追求最佳的展陈效果。

　　灯光照度和色温充分考虑文物安全、视觉原真性和参观舒适度。展览照明以不损害文物为首要前提，不同的展品对光的敏感度不一样，针对不同的展品属性，需要选择合适的光照度，并控制展品的年曝光量，为其提供适合的照明。同时，减少灯光中紫外光和红外光成分，也能大大降低光对敏感文物的伤害。盘龙城遗址的文物以陶器、青铜器、石器为主，对光的敏感度较低，光照强度不超过 300lux 是较为合适的，对于陈列珍贵玉器的展柜，可适当调低照度，保证文物安全。展览展出的 600 余件展品丰富多样、各有不同，既有高大的青铜鼎、又有细小的青铜镞，既有矩阵排列的大陶缸，又有平铺的笔记纸张……对于不同的形、色、质、意等展品特质，需采用不同光束大小、不同配光方式和照射角度。因此，展览柜内均使用可变焦、可调节角度的照明灯具，能够即时根据柜内文物准确塑形。而针对第一展厅内展出的考古记录、图纸等二维类展品，则采用扫光均匀的柜外顶上轨道灯，让打光不偏不倚、不留死角、不产生光斑，均匀的照明真实还原展品的原貌。为了充分保证文物的色彩原真，采用了显色指数（CRI）在 95 以上的 LED 灯具，灯光色温高度一致，令文物的色彩还原纯正、饱和、透彻。同时，灯具尽量采用统一产品型号，满足 3000K 色温显示一致性的照明标准，色容差也均保持在 3SDCM 精度以内，从而确保整个展览灯具光色的均匀一致。

　　展览中采用了四种类型的展柜：平柜——主要用于展出考古记录或陶片等小件展品；台面柜——用于岛台之上呈现少量专题文物；独立柜——展出制作精美、意

图 3-42　杨家湾 17 号墓文物平柜灯光效果

义不凡的单件重点文物；通柜——配合展板内容的主线文物组合。我们针对各类展柜的实际条件，采用了不同的照明设计方案。平柜的展示空间比较小，尺寸多随展品定制，通透性比较强，扁平的柜体决定了观看角度是从上至下，因此，不适宜用柜内打光，而应利用展厅顶部轨道灯重点照明，如此也能避免阴影。但这一方式在第二展厅不太行得通，例如在展出杨家湾 17 号墓出土铜爵、玉器、铜斝等立体文物时，由于外打光亮度不足，效果较差，于是我们在平柜观看点一侧的柜内加装了条形扫光灯解决照明问题（图 3-42）。

　　第二展厅使用了大量的台面柜，每个展柜尺寸不及一平方米，陈列数件文物组合。柜顶及四面均为玻璃材质，大大增加了展厅的通透性，但在照明方面经历了一番"挫折"。最初的灯光设计利用了柜顶的透光性，使用柜外顶部轨道射灯打光，但实际落在文物上的光线较暗，展出效果大打折扣。后来我们在展陈提升中坚持要求展陈公司改进照明方案，经过一番讨论和试验后，在台面柜顶部的四条边线上加设柜内轨道灯，单个灯头可自由调节位置、角度，也可以根据需求加装或摘除灯头，这才在不影响展柜通透性的前提下改善了灯光效果。

独立柜在展览中使用的数量不多，仅第二展厅中有四台，分别展出了大圆鼎、大陶缸、绿松石镶金饰件和铜尊。独立柜内文物对灯光的要求是多维的，因此采用可调光束角、机械转动角度广的灯具，以适应形态各异的文物。为了避免产生阴影和光斑，在展柜的四边都安装了重点照明灯具，同时辅以顶上轨道灯重点打光，令视感柔和明亮。

通柜的展示空间相对较大，展品品类丰富、数量较多，展柜上部的电气空间和下部展品空间是相互独立的，这样能有效保证展品空间的独立性和密闭性。展览中所用的通柜多为墙柜，不过在第二展厅中，大陶缸场景柜和炊器展柜也使用了可两面观看的延展柜，它们的照明需求有所不同。墙柜设有背景说明板，考虑到阅读用光，我们还增加了均匀的洗墙照明来提亮背景，结合两排可灵活调节光斑角度和照射角度的嵌入式灯具，根据文物需求作为重点照明（图3-43）。两面柜内没有大面积的背景说明板，因此我们在柜顶安装四排嵌入式灯具组，根据文物的特征和摆放

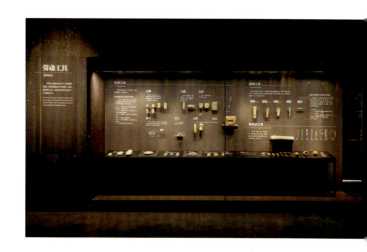

图 3-43　墙柜打光效果

图 3-44　布光引导参展流线

位置单独调整光束即可，灯源调整后也能为小面积的知识说明提供精准的光源。

　　我们希望展览的灯光设计除了关注物，也关照人的体验，在利用照明让整个展览体现历史韵味的同时，又能体现现代性的设计风格，力图用灯光的明暗形成环境、背景与重点照明的光色落差，令展览空间有层次有质感。与此同时，运用灯光牵动参观流线，自然无形地引导观众的走向（图3-44）。在考虑博物馆文物保护与陈列效果要求的同时，照明还兼顾到绿色健康，我们坚持采用无纹波、无频闪、防眩光的灯光来为观众营造更健康和舒适的参观环境。光束角度尽量避免直射观众眼睛，在文物用光和防直射难以平衡时，我们采用在光源上加遮光网的方式减少直射造成的伤害。智能化的系统控制也增强了灯具管理的人性化，展厅灯光可以通过平板电脑或手机 App 进行控制操作，实现每台展柜中一

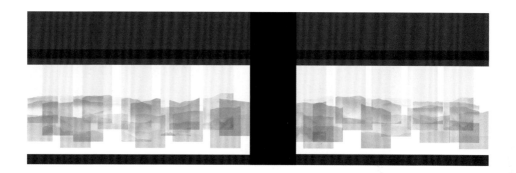

图 3-45　蕴含山水意境的垂幔设计

盏 / 组灯具或多盏 / 组灯具的同时设定和控制，包括开关、亮度、角度等方面，还有场景记忆功能，不必重复调节，操控简单智能，这一智能控制系统为我们日后的展厅维护带来了方便。

　　我们在展览中还巧妙地借用了自然光，例如对第二展厅的落地窗覆以遮光膜，内部以竖向半透明垂幔多层次营造山水意境（图 3-45）。阳光层层筛过，投入展厅的有害光也大大减少，只留下柔和的蓝色光影，与暖色灯光下的宫殿模型相映成趣（图 3-46）。室内外观赏空间相互穿插、渗透、融合，浑然一体，让观众产生独特的观景和文化体验。公共空间则利用天窗引入自然光，与休息区的砂石小品一起营造出自然舒适的景观环境，既减少白天的用电消耗，也让观众在观展后身心得到舒缓放松（图 3-47）。

6.情景交融：现代韵味中的意境重建

　　盘龙城遗址距今已有 3500 年的历史，那是身处现代的人们无法目睹和历经的遥远洪荒，我们的展览不想让观众仅仅作为"旁观者"，去看失去生命的文物和冷

图 3-46　展厅引入自然光（上）
图 3-47　休息区的自然采光（下）

图 3-48　金属说明板幻化倾盆大雨

冰冰的文字，更希望观众能够成为"参与者"，融入展览中，身临其境地去体会，通过油然而生的感受获得铭记于心的认知。于是我们用多样巧思为展览营造极具故事感的氛围，打造专属于盘龙城的沉浸空间，让观众在踏入展厅的第一步就产生融入感。氛围营造既依靠光影，又依赖于布局、画面、装置、造景和模型道具。这是一份细致入微、极需创意的工作。

　　"浪淘千古"展厅主要讲述盘龙城遗址发现、发掘的历程，时代聚焦于 20 世纪 50 年代至今，一味具象的做旧方式与我们倡导的高辨识度、艺术性的展陈原则相悖，在设计中没有采用。观众进入"发现盘龙城"单元，首先映入眼帘的是三个从天顶垂至地面的金属说明板，板面背景中昔日抗洪的身影若隐若现，消隐在如同雨水一般的竖向线条之中（图 3-48），右侧墙面的光栅画也在黑白的光影间透露出大雨滂沱（图 3-49）。盘龙城因洪水而现，观众步入其间，目光所及仿佛雨水倾盆而下，会油然感叹百年洪汛的危急和发现盘龙城遗址的惊喜。

图 3-49 　《蓝蔚先生与游绍奇先生探寻盘龙城》光栅画设计效果

在"认知盘龙城"单元，我们集中讲述了盘龙城遗址的考古发掘史，展出了一批曾经尘封于档案中的考古资产，如何把它们展出味道、引人驻足呢？我们将展台设计为三组岛台，每个岛台如同大型的考古工作台，展台侧面的条棱如同可以打开的抽屉，台面上陈列着各样标本、工作记录、图纸、工具，似乎依然保持着工作进行时的状态（图 3-50）。展台虽然象征着"考古工作台"，但却没有采用仿木的材料和色彩，而是将白色金属柜体与透明亚克力柜面融为一体，在过去与现在中寻找平衡点，令考古工作的氛围真实却不凝重，也让展厅在灰度的时空里变得轻盈。这里有一个小小的遗憾，在最初的设计中，岛台侧边的抽屉可以拉开，里面摆放着文物标本，但考虑到观众容易在这些地方发生磕碰，只好取消了这一设计（图 3-51）。

我们在"故邑风物"展厅充分利用展厅没有立柱与隔墙的空间优势，从宏观视角考虑整个展陈空间的氛围营造，运用展项与展厅的联动，制造沉浸式大场景。第二展厅是集中展示盘龙城文化面貌的展厅，我们想把盘龙城遗址最能体现文明高度、最为壮观的城墙和宫殿放到展览中。于是我们让展览自"城邑繁盛"章节起便围入城墙之中，以钢架、铁丝网和GRC（玻璃纤维增强混凝土）塑成的城墙夯土代替建筑墙面，延伸至展厅末尾。而在展厅的出口旁是裸展的石砌排水涵道，与遗址相呼应，象征着展厅之"城邑"的对外排水出口，水影灯和水痕的细节设计增加了观众的考古现场体验感（图 3-52）。这处排水涵道是

图 3-50　岛台实景（上）

图 3-51　岛台设计（下）

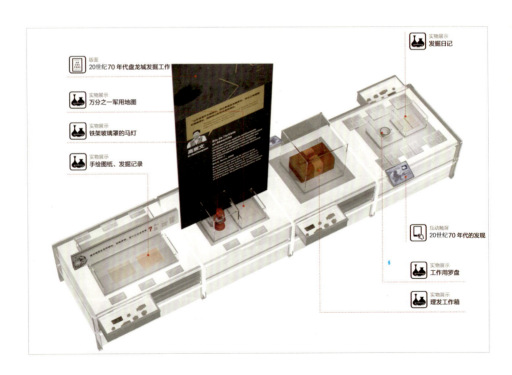

图 3-52　石砌排水涵道（上）
图 3-53　宫殿模型与景观视窗的联动（下）

在 2014 年城垣勘探中发现的，它位于南城垣底部，由石块垒砌而成。刘森淼副院长和韩用祥主任也参与了勘探工作，为了避免每年涨水继续破坏涵道遗迹，他们当即决定要把它取出，将来可以在展览中展出。在布展时，也是由刘森淼按照当时出土的情景把石块重新垒砌好，又进行了加固处理，排水涵道这才原模原样地呈现在观众面前。宫殿建筑模型位于展厅中轴线的东端，整间展厅如同盘龙城的宫城，参观者即城中之人，来到盘龙城的世界"亲历"盘龙城的生活。宫殿模型与景观视窗的联动也别有趣味，隔着山水垂幔，窗外便是小王家嘴遗址，坐镇殿中，想必定会情不自禁产生一种"盘龙之王"的感受（图 3-53）。

　　第二展厅中大量运用岛台，如"城邑繁盛"阶段的文物展示台、居民生活用器展示台、墓葬复原展示台，以及宫殿复原模型所在的基础展台。这些岛台占据展厅较大的展示面积，展览的设计必须考虑如何在穿插大量展示台的情况下仍然保持开阔轻松的视野。我们在展台的侧边四面应用了镜面反光材料，从一般大众的身高视角观看，仿佛看到脚下的地面往镜面中延伸，镜像的视觉效果使得展厅变得极富轻妙感，展台变得不那么笨重、生硬，文物展台呈现出一种飘浮的效果，令视觉空间起到了柔化和放大的作用，同时给展览空间营造了一份神秘色彩。这一设计在宫殿建筑复原模型上效果极佳（图 3-54）。展台抬高了宫殿，增加了宫殿的威严之感，窗外光线反射于镜面之上让窗内外的景色融为一体，过渡玄妙而又自然，置身其间，倍感惊叹。镜面材质本身极具"水"性元素，也很好地对应了盘龙城"因水而生、依水而居"的地缘特质。

　　第三展厅的整体设计贯彻了"山与水"的概念。从盘龙城的地貌——湖泊岗地出发，延绵起伏的展台、展柜是抽象的山体造型，与镜面展板组成展览流线。通透的展览空间中，平台岛柜与背景展示的立面一侧，以纵向"深入"的构想，利用镜面材质作为展示信息的依托，呈现出不断延伸进去的纵深与神秘感（图 3-55）。让观众在镜面中阅读、观赏，观众的身影在镜像的反射下，化身研究进行中的学者，参与破解谜团的过程。展厅末尾处地面上耸起的"土丘"、展墙上流动的"江水"、

图 3-54   "悬浮"的宫殿（左）

图 3-55   镜面延伸纵深（右）

图 3-56 "南土重镇"设计效果

天顶垂下的树影，让观众体味当时当地的自然风貌，也仿佛向观众述说夏商大背景下，盘龙城与中原之间山水相连、文化相融（图3-56）。

7.虚实之间：写意与写实的繁简取舍

展览是对历史的重现，同时也是艺术的解读。盘龙城时代没有文字和图像记载，我们只能通过考古发掘和研究剖析一步步接近历史的真相，历史信息的碎片化让今人很难完整知晓历史的全貌。因此，为了保证展览内容的真实可信，我们这个以诠释最真实的盘龙城历史为己任的策展团队，决定首先对"实"与"虚"进行分辨取舍。何为"实"？有文献记载，有器形标本，有学界普遍认可的研究结果，有清晰的演变规律，在展览中应当视为可以真实复原的对象。何又为"虚"？没有明确记载，没有相关图像资料对照，研究存在较大争议或尚无结论等难以考证的对象。展览拒绝过度解读给观众带来错误的认知，在艺术设计时运用"实物与虚拟、写实与写意"的艺术表现解读手法来呈现展览主题。

　　场景复原是博物馆展览不可或缺的辅助展项，尊重历史原真性也是展览形式设计的首要原则。在富有现代气息的总体展陈概念下，我们的设计团队同样进行了必要的实景复原，并在可靠的考古成果基础上进行适当的艺术延伸。在介绍 20 世纪 80 年代考古工作（图3-57）和 21 世纪考古工作情况时，我们制作了两组考古场景的微缩模型，放置于台面平柜之中，考古技术的进步从中可见一斑。这两组模型中的人物形象并非凭空塑造，而是对我们这群考古专业出身的小伙伴们进行了现场三维扫描，再经过 3D 打印和上色"化妆"而成，因而人物动作，手中的手铲、罗盘、皮尺、RTK 测量仪等十分真实。在介绍盘龙城遗址的葬俗时，我们对李家嘴 2 号墓进行了模型复原（图3-58）。复原严格遵循考古发掘影像、绘图、文字资料，由多次参加过盘龙城考古发掘的刘森淼副院长和韩用祥主任现场指导制作和摆放。墓

图 3-57　3D 打印模型——20 世纪 80 年代
考古工作场景

图 3-58　李家嘴 2 号墓模型

葬模型直观表现了盘龙城贵族墓葬二层台、腰坑、殉人、殉狗等葬俗。受限于场地空间面积，并未按照墓葬原尺寸进行复原，而是按照 1 ∶ 0.6 的比例缩小。相应地，墓葬中的大量随葬品也不能制作等比例的复制件，我们同样采用了 3D 打印技术，对文物进行环拍后得到精确的数据，按比例缩小打印制作，并仿照文物的色彩上色还原，再按照出土位置摆放于墓葬模型之中，最终展出的模型纹饰精细、造型准确。

　　观众一进入第三展厅便可以看到空中悬挂着一件极具视觉冲击力的模型，它由两件放大数倍的青铜钺相交融合组成（图3-59），悬于空中，四周无任何遮挡，观众从展厅的任意角度都可以体会这件艺术品带来的庄重威严之感。这可算是我们设计团队极富创意的艺术作品，其中一件钺的原型是来自盘龙城杨家湾 11

图 3-59　大胆的艺术创造——铜钺

号墓的铜钺，半圆形刃部侧角上翘，器身中部大圆孔周边鼓起，内部两面饰兽面纹，内下及双肩各有一方穿，全身青绿锈色，它代表着商代早期的盘龙城文化。另一件是来自山东苏埠屯亚醜墓的亚醜钺，方内，双穿，两肩有棱，器身透雕人面纹，人面五官微突出，双目圆睁，嘴角上扬，口中露出城墙垛口似的牙齿，极富威严，它则代表着殷墟时代的商代晚期文化。模型严格按照两件铜钺的造型进行设计制作，以准确表达文物代表的历史背景，与此同时进行了画龙点睛、富有创意的艺术加工，两件铜钺加厚放大，亚醜钺从盘龙城钺的内部穿过，坠于后者下方，两件钺相互交叉，象征着时代轮转、文明延续。

对于无法确说的"虚"，我们刻意隐去了存在争议的细节，用写意的艺术手法传达必要信息，巧妙地避开了"不可考证"的尴尬。虚化的处理也能更好地提升场景本身对内容的写意解读。例如，盘龙城丰富的物质文明是由曾经居住在此的先民创造的，我们希望各位参观者在展览中不仅能看到陈列于展柜之中的丰厚遗产，更能够透物见人，感悟文明的创造者——人的智慧与伟大。因此，在展览的艺术设计中，我们将盘龙城人的形象元素贯穿于各个展厅之中，但盘龙城的先民长相如何？穿着打扮又是怎样呢？这让我们犯了难，因为盘龙城当地的土壤呈酸性，有机质极难保存，在早年的考古发掘中也没有对有幸留存的人体骨殖进行相关体质人类学研究，以当前的资料无法把先民形象准确无误地传达给观众。于是我们想到人物剪影的方法，由于参考资料有限，最初设计师迟迟不敢下笔，只好由刘森淼副院长设计初稿，再由设计师根据展览整体艺术风格进行艺术深化，最终设计出一系列辨识度高的人物形象，既有灵动多姿的平民与武士，又有沉稳大气的贵族。以黑色金属材质制作而成的剪影模型，既可烘托展陈氛围，又可以作为物理隔断，辅助引导观展流线。在第一展厅末尾处，持戈武士和使用大陶缸的人物形象立于几何金属台座之上，栩栩如生，不失活泼，减少了空旷感，增加了艺术性，也作为中岛划分左右两条观展路线（图3-60）。矩阵陈列大陶缸的通柜也用一组金属人物剪影表现盘龙城人使用大陶缸的场景——锄地、采摘、搬运，配合相同风格的金属树影，盘龙城先民勤劳的形象一下子鲜活起来（图3-61）。通柜背景画和动画视频也将剪影的人物形象作为主角贯穿始终，曾经建造盘龙城的人们再一次"活"了过来，成为"守城人"，在展厅中默默讲述曾经的故事。

　　在第二展厅中，我们还设计了两组不同寻常的人物形象，它们既没有沿用金属剪影，也不是逼真的泥塑、蜡像，而是"钢网人"。在展现盘龙城居民使用炊器和日常生活场景时，需要采用肢体形态更为灵活多变的制作工艺，显然平面化的剪影无法满足这个要求。但同样也面临着需要弱化处理人物着装、外貌的问题，经过研究讨论，我们决定使用金属丝编织工艺来制作模型，既能根据需要做出各种动作，又不会造成知识性误会。最初我们邀请了手工艺师傅

图 3-60　第一展厅结尾处的金属剪影人物（上）
图 3-61　大陶缸展柜设计效果（下）

来博物院现场手工编制，但正应了那句话——理想很丰满，现实很"骨感"，手工编出来的钢网人过于"写意"，线条粗犷、造型抽象，实际效果并不理想，甚至还有点恐怖。于是我们只能让展览公司另寻他法，改用先制作泥塑底稿，再用钢丝网压模成型的方法，如此得到的人物模型形象生动、富有美感。钢网带有空隙的材质特性产生了透视的效果，让人物模型与背景空间和谐适洽（图3-62）。与3D打印的陶器、仿真植被、木柴、灯光火焰等道具组合，构成的艺术品陈设亦真亦虚，写意的解读给观众留下想象的空间，让观众可以适度遐想盘龙城先民形象。

　　为了填补殷墟马车不能到场的遗憾，我们一转设计方向，决定用艺术装置代替原来的方案，创造性地在整场展览的结尾设计了一处"吊挂的马车"装置（图3-63）。将商代马车解构为车轮、车轴、车厢、车辕、车衡等部件，高低错落悬于"山体"之间，仿佛在时空转换中解码重构，与整体的空间展示语境融为一体，暗示着盘龙城与中原文明的内在关系。马车是商代繁盛强大的象征，亦是文化交流的符号，在商代晚期的殷墟有不少出土。虽然盘龙城的青铜文明在商代晚期衰落了，但商王武丁励精图治，商朝中兴，以殷墟马车为象征的强大力量纵横江汉，驰骋中原，新的篇章在殷墟开启，青铜文明更加辉煌的高峰期悄然来临。解构的马车极具视觉冲击力，用写意的手法升华展览，默默回答着人们对于盘龙城文化去向何在的疑问。我们还在展览各处装置的观看点加装了情景说明，帮助观众看懂展厅中艺术装置的深意。

　　我们尽可能恰当利用虚与实的关系，选择出最佳的展示手段向观众诠释最科学、最可信的信息。为了将研究成果直观可视化呈现，我们始终秉持着严谨的态度，在确信的考古实物资料之上，层层剖析，合理复原。例如第二展厅中的一号宫殿模型展项的设计也非常有特色，汇聚了我们馆方、专家和设计团队的集体智慧。我们的复原十分严谨，其间召开了专家论证会，邀请武汉大学张昌平老师和南方科技大学唐际根老师共同指导宫殿的复原。宫殿模型按照四分

图 3-62　钢网人艺术模型——盘龙城的日常生活

图 3-63　吊挂的马车

之一比例，采用半解剖方式解析宫殿建造流程，将建筑结构、材质、工艺等环节信息集中展现于一个大型模型之中，将考古成果完整呈现。从模型中可以清晰看到，盘龙城一号宫殿建筑茅茨土阶，在夯土台之上搭建木骨泥墙，面开四间，前开四门，后开两门，共开六窗，四面屋顶，双重屋檐，周围立 43 根大檐柱，大檐柱外栽立擎檐柱，在檐柱间架设木枋，其上架设梁架、檩，铺设木椽，在梁架与木椽上按顺序铺置木条、芦苇、草拌泥，最后铺茅草。盘龙城一号宫殿是盘龙城繁盛时期体量最大的建筑，历经千年风雨，宫殿地上屋面部分已毁坏殆尽，目前只残存地下台基。对于台基以上部分的建筑复原依据杨鸿勋、傅熹年的古建筑学研究，参考《周礼·考工记》，并结合偃师商城、郑州商城的考古发现和湖北当地古建筑测绘成果进行复原（图 3-64）。为了让观众一览建筑内部结构，同时也为了向观众说明台基以上的建筑结构含有推测的成分，我们将建筑解剖开来，在建筑的一侧，立柱、筑墙、铺梁、设檩、架椽、铺置层层

图 3-64　宫殿模型完整侧

屋面，按步骤层层累加，解构的部分颜色从白色开始，逐渐加深还原，生动展示了从台基到骨架最终到宫殿的建造过程（图3-65）。以"虚""实"相结合的艺术手法，科学谨慎地提示观众眼前所见仅是建筑复原的一种可能，而不能武断地称其为建筑的"原貌"。在庄严的建筑模型中，我们同样为其注入"人情味"，将贵族、武士、工匠的先民形象制成微缩的金属剪影，配合重点打光，让宫殿"复活"（图3-66）。

8.妙笔生花：陈列艺术让文物复苏

　　对于像盘龙城遗址这样的早期遗址，在打造遗址博物馆展览时普遍面临一个问题，那就是文物均为该遗址出土，年代单一，种类较少，保存状况较差。我们也遇到了这个难题，虽然在兄弟单位的支持下文物的数量和种类得到补充，但还是需要尽可能地打开思路，充分发挥展陈艺术的魅力，想办法解决文物不够亮眼的问题，

图 3-65　宫殿模型解构侧（上）
图 3-66　宫殿模型中的人物剪影（下）

让文物更具观赏性。

在盘龙城遗址的考古发掘中，出土最多的当属碎陶片，一般情况下，少部分能够拼合、复原，形制具有代表性或特殊性的陶片会被作为标本保存，大多数陶片在经过统计后则会回填。然而，陶器又是考古学研究中十分重要的器物，由于陶器制作成本低且易碎，能较明显即时地反映时代、区域以及文化特征，因此考古学的研究正是建立在以陶器为主的类型学研究上，陶器也是盘龙城遗址陈列不容忽视的存在。但不可否认，相比于玲珑剔透的玉器、装饰繁复的青铜器、精致细腻的瓷器、耀眼夺目的金银……陶器显得暗淡而不起眼。我们秉持充分尊重每一件文物的原则，将关注度最低的陶器也当作艺术品、奢侈品，给予其高规格的展示，吸引观众的目光，让观众主动去观察它、了解它，把陶器所蕴含的丰富信息传递给观众（图3-67）。而出土数量众多的陶片也从"路人甲"升格为展览的重要角色。在"浪淘千古"展厅中，"发现盘龙城"向"认知盘龙城"的转场过渡区设有一处缓坡，缓坡旁以遗址鸟瞰全图和表格清晰示意了盘龙城遗址历年的重要考古工作，而在缓坡之下是陶片的"海洋"，以大量陶片铺满整片地面，从地下探出若干金属爪件，支撑起一件件鬲足、大陶缸口沿、器底、印纹硬陶片、原始瓷片等盘龙城遗址典型器的残片，与背景里的盘龙城遗址的全景视图共同营造"陶海寻城"的场景（图3-68），盘龙城出土的陶片繁多，考古学的研究正是从这些陶片中拼出一个逐渐清晰、更为立体的盘龙城，一步步揭开遗址的面纱。

大陶缸是盘龙城出土数量最多、体量最大的陶器。采用矩阵式陈列大陶缸（图3-69），增强了视觉冲击力的同时也真实反映了其数量之众、功能之繁，震撼力十足。

陈列的观赏性离不开视觉传达的美学设计，必须利用独具匠心的陈列艺术让展览好看，让文物"吸睛"、耐看。盘龙城遗址陈列的一大特色就是柜内背景展板的艺术设计，结合展柜的主题内容和展出文物的特点，创作出一套风格统一、特征鲜明、人物丰富的背景画，并将部分展具安装在背景墙上，形成图画与真实文物的互动。

盘龙城泥质陶尊
切面放大 250 倍图像

盘龙城原始瓷器
切面放大 250 倍

盘龙城夹砂陶鬲
切面放大 250 倍图像

背景画有时还会延伸到展柜之外，用多彩的画面扩展视窗，使展览灵动，饶有趣味（图3-70）。第三展厅"盘龙城的社会场景"展柜是展览中最大的墙柜，但并不是陈列文物最多的展柜，柜内整幅的背景画面由山林草木、贵族、将士和臣民构成，将文物置于人物场景中艺术化展示，手握铜爵的统治者、持戈的武士、捧觚的贵族，让盘龙城先民的形象与场景融为一体（图3-71），创造性地实践信息传播的图像美学，以轻松的图像丰富版式的趣味，打破传统的陈列定式，富有意境。第三展厅的这幅背景画即使单独拿出来欣赏也非常符合现代审美。当初设计师刚一拿出画稿，我们团队中一位年轻的小伙伴就开玩笑说，把这幅画衍生成窗帘、鼠标垫等文创，一定能热销！

　　我们还十分注重展品的展示效果，尝试在展具上花心思，让文物摆放呈现空间上的立体化，为此综合利用黑色金属柜台、软布展托、亚克力托板、金属爪件和硅胶软垫等展具，使文物展品不拘于同一展台平面，而是高低迭起、疏密有度、富有节奏，配合以低反射玻璃和高精度专业照明，突出文物，优化展出的视觉效果。我们还创造性地采用了金属焊接展台，在保证支撑力和减震强度的前提下，能够根据文物布局塑造出更为多样的展台造型，保持柜内的通透效果（图3-72）。由于这样的金属焊接展台少有先例，于是我们要求厂家必须先做样品。第一次交来的样品的金属板非常厚，虽然保证了稳定性，但是太过笨重，不符合展厅轻盈的氛围，我们干脆把它当成了会议室的小办公桌。调整方案后的一批成品的金属板又太薄，稍一用力就会晃动。我们半开玩笑地跟展览公司要求，得保证能让我们人高马大的刘院

图 3-67　陶质类型展示（上）

图 3-68　"陶海寻城"（左下）

图 3-69　大陶缸矩阵陈列（右下）

图 3-70　多彩的展柜背景画扩展视窗（上）

图 3-71　文物与背景画面互动——盘龙城的社会场景（下）

图 3-72　造型多姿的展台

长站上去跳都安稳才行。最终又经过一轮优化，在展台受力处加三角形支撑板加固，才有了现在既美观又安全的展台。展具的设计尽力带给观众最好的参观体验，展品摆放的高度符合一般观众观看的舒适视高。我们打破传统展台同一高度的定式，在保障参观效果的前提下采用不规则设计，展具与展柜错落有致的多变组合有助于缓解视觉疲劳。展台、缓冲软垫、展架和爪件均采用黑色着色，充分烘托文物，也与展厅整体环境的深色调相吻合。展柜采用透光率不低于98%的新型超白夹胶玻璃，高效保证展品色彩通过性，让观众"零距离"观赏文物。

（二）以最有效的装置实现最有趣的互动

1.科技赋能：多媒体互动装置延伸展览边际

如今的博物馆，虚拟现实技术、全息投影、触控互动屏等多媒体技术几乎已成为展览的"标配"，数字技术能够在有限的空间中传递更多信息，以影像还原历史信息，实现人与物的多感交互，延伸展览的边界，发挥无限的可能。作为一座智慧化博物馆，我们也在多媒体展项中下了不少功夫，在展览中建立了多媒体信息查询系统，扩展文物与知识信息，设置了多处电子多媒体互动装置，寓教于乐，让观众在游戏中检验学习成果。下面分享几款受到观众喜爱的多媒体小游戏。

"考古课堂"小游戏设置于传统考古工具和考古工作流程展板处，按照考古工作的顺序设置四道关卡，通过游戏的不同关卡帮助观众了解考古准备工作—考古勘探—考古发掘—整理修复的工作程序。第一关是准备工作，收集齐探铲、相机、罗盘、刷子、手铲等工具后即能进入下一关；第二关是考古勘探，需要观众将散落的宫殿碎片拼合，通过拼图廓清宫殿基址概貌；第三关是考古发掘，对探方进行发掘，每个探方下藏有一个关于考古学或盘龙城遗址的问题，答对其中8道题即可进入最后一关；第四关是整理修复环节，将4件文物的碎片拼对还原，体验文物修复过程，全部通关后才能获得"考古学家"称号（图3-73）。游戏的界面

图3-73　"考古课堂"游戏画面〔组图〕

图 3-74 "考古地层——解读历史的年轮密码"游戏画面（组图）

可爱活泼，以盘龙城遗址博物院的吉祥物"龙龙"为引导形象与观众"对话"。游戏让观众特别是青少年群体能在轻松的氛围中更加了解考古学者的日常工作，从中获得必要的知识。

"考古地层——解读历史的年轮密码"小游戏设置在第一展厅末尾两块真实的考古地层剖面旁。对一般观众而言，地层剖面展现出来的信息有限，需要借助生动直观的游戏形式解说辅助理解（图3-74）。现代人脚下的土地是从古至今、由下至上累积起来的，各时代的地层土质、土色有所差别，其中的包含物也各有不同，其中的文物各具时代特征。观众需要根据文物的介绍鉴别 16 件文物的年代，拖入相应地层中，鉴定完成后，选择"验证答案"，鉴别错的文物要进行重新鉴别，直至全部正确。考古地层是解读历史的年轮密码，为考古学的年代判断提供依据，通过游戏，观众能够感受、理解考古地层由下至上层叠堆积的基本原理，对考古地层学形成基本的认知。

"商代盘龙城的繁盛景象"VR 体验装置位于第二展厅宫殿建筑模型处，我们以现有的盘龙城考古资料为蓝本制作 VR 视频内容，还原宫城区的地理环境、建筑风格、社会风俗、人物形象等方方面面，观众戴上 VR 眼镜后，站于宫殿

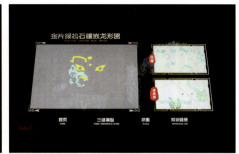

图 3-75　绿松石镶金饰件互动屏画面（组图）

模型前，即可以第一视角直面商代盘龙城居民生活。三维复原全面展示盘龙城繁盛时期的城市场景，观众通过 VR 眼镜全方位、全角度观看商代盘龙城风貌，仿佛置身其中，"亲临感受"并深度了解 3500 年前的盘龙城，大大提高了展示的趣味性。展览开放后，我们又引入了 AR（增强现实）眼镜导览服务，基于 AR 技术的导览方式，通过语音识别、自然语言处理、计算机视觉、光学显示、芯片平台、硬件设计等多领域研究，将前沿的人工智能、AR 技术与行业应用相结合，为观众提供视频、音频、3D 模型等丰富信息。观众戴上 AR 眼镜后，只需说出相应口令，即可控制程序，点播、暂停相应内容。整场展览共收录 44 项点位内容，如"盘龙城城邑格局与规划理念""酒器和商代酒文化"等，让观众在观看真实展品的同时，既能收获更多知识信息，又能优化观展体验。

　　绿松石镶金饰件的复原展示在第二展厅占有一片较为独立的区域，我们在这里设置了一块触控屏，可以放大、变化角度观察绿松石镶金饰件的三维模型，还附有知识链接，观众可以查询相关知识，同时内置一款拼图游戏（图 3-75）。由于绿松石镶金饰件保存状况较差，难以直接窥其原貌，有着多种复原可能，因此，我们将游戏设定为没有确定答案的自由创作程序，既可以根据屏幕中给出的两种复原方案模仿拼合文物各部分残片，也可按观众自己的猜想拼对，从而在拼图的过程中仔细观察这件文物，领略文物研究的魅力。

2.寓教于乐：多感体验诉诸物理互动装置

我们在运用新媒体手段提升展览内容解读时效性与易读性的同时，还结合展示内容加入了很多物理互动的装置，来触发关于盘龙城遗址真实的多重感官体验，带领观众感受考古学家如何认识古代社会，享受考古研究的乐趣。让观众去"动手"探寻，在趣味互动中增长知识，同时能让观众动手检验参观效果，从被动接受信息到主动思考，使互动体验趣味多样，学习环节完整立体。

策展时我们打开思路，不仅想让观众一饱文物展品的眼福，还想让观众摸出"端倪"。考古研究中常将陶（瓷）器分为夹砂陶、泥质陶、印纹硬陶、原始瓷、瓷器等，它们的制作方法、用途各有不同，出现的年代各有早晚，但对于普通观众来说，仅从外观上不易辨别它们之间的差异。为了能让观众有更进一步的真切的认知，我们选择了四种盘龙城遗址常见的不同质地的陶（瓷）片供观众去触摸（图3-76），并配以图表文字说明对照参考，让观众通过视觉和触觉双重感官感知文物，并了解手感上差异的本质原因。为了防止频繁触摸造成陶（瓷）片丢失，我们为每枚陶（瓷）片制作了透明亚克力罩，顶部开口大小仅可伸入成年人一拳，并选择尺寸较大的陶（瓷）片牢牢粘于台面之上，起到了不错的防丢失效果。为了充分满足观众的好奇心，让大家能够亲手"摸"到文物，我们在文物展柜旁边相应地设置有3D打印的文物复制件，如陶罐、铜戈，再以伸缩线将其与台面连接。3D打印的材质轻便不易损坏，拿起放下自如但不会丢失（图3-77）。复制件从器型到花纹都一比一仿真还原，观众可以边欣赏展柜中的文物边仔细观察、把玩手中的模型。让人与文物直接对话，拉近观众与展览的距离。

图 3-76　陶（瓷）片触摸互动（上）

图 3-77　可拿起的 3D 打印模型（下）

图 3-78 识物拼读滚筒

　　相较于单向灌输，通过问答模式自主学习、获取知识，人们的理解会更深刻，记忆会更牢固，高参与度能够激发主动性。我们特地在展览中设置了多处拼读滚筒、"翻翻看"等物理互动装置，在实际使用中我们发现，相比于依托数字技术和触控屏幕的多媒体小游戏，物理互动装置不仅制作周期短、成本低，便于管理和维护，对于观众来说也更容易上手参与互动。展览中配合展陈内容设置的拼读滚筒既有欣赏类，也有对比参照类，还有答题类。盘龙城遗址的青铜器多装饰有美丽的纹饰，通过设置滚筒，观众可以动手拼合拓片，细读纹饰，感受青铜器之美。为了便于观众理解商代器物的用途，我们将文物与现代生活用品对照，蒸锅对应甗、蒸笼对应甑、酒杯对应爵、酒壶对应卣……将滚筒左右两边的图案顺序打乱，在文物图片旁有参考说明。观众根据图标提示的拼对结果通过游戏，轻松就能掌握这些文物的知识（图3-78）。夏商时期众多遗址的文化面貌既有相似与承袭，又有差异与演变，它们共同构成夏商考古学文化，但这些繁多的信息不太适合作为展示主线内容展开，我们的策展团队灵机一动，设计出拼对阅读遗址信息互动滚筒，让观众了解盘龙城所在时代的考古学背景。我们还邀请了考古界的知名漫画手——阿三，将历史故事绘制成"夏商小剧场"连环画翻翻看，吸引小朋友动手翻看（图3-79）。

（三）以最亲切的述说阐释最冷僻的知识

过多的文字说明和重复的文物陈列会增加参观者的疲劳感，引发烦躁情绪。这就要求我们这支策展队伍中的形式设计者和内容设计者始终保持良好的沟通，充分理解文字内容，从而进行适度的图像转化，让图像、文字、展品互相穿插，将遥远历史和晦涩知识可视化，生动讲述给观众，延长观众参观的专注力。为了保证设计师能够充分了解展览内容，我们要求他们早早驻扎在盘龙城，平时和我们一起上班。这样一有问题就能够立刻交流解决，大大提高了沟通效率，也避免了不少问题。我们展览的设计始终着力于研究信息的深入浅出，通俗地传达艰涩难懂的考古语言，以多样化的图形设计拆解诠释研究成果，以多媒体视频形式增强文字转换为图像的传播效能，用贴近生活的知识讲解、一目了然的图表形式、直白简练的展览语言，让考古不再是枯燥的地层年代和器物排列。

展览亲切的表达不仅仅体现在美学的宏观设计上，更在于细节处的体贴入微。商代文物的器名常有生僻字，对于常年从事考古文博行业的人来说可能习以为常，但观众看起来却会一头雾水，知晓器名是认识文物的第一步，因此我们对展览中的

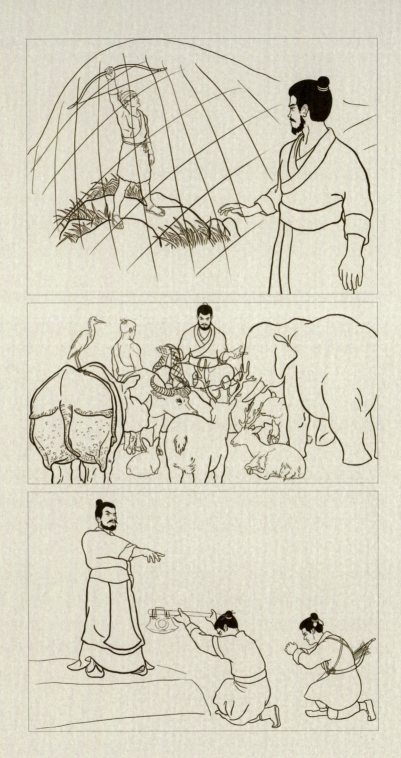

图 3-79 "夏商小剧场"——商汤"网开一面"（组图）

生僻字均进行了注音。在典型文物旁增加醒目的台面补充信息，进一步帮助观众了解、拼构出商代盘龙城的印象。例如盘龙城李家嘴2号墓出土的商代铜甗是目前考古发现商代最早的铜甗，但普通观众对于甗的认识却很模糊，于是我们将它拆解图示：下半部为鬲，用以盛水加热；上半部为甑，用以盛放食物；中间以箅相隔，便于蒸汽通过，与现代蒸锅原理相同（图3-80）。类似的还有对于簋、尊、罍、铜泡、镟等器物的介绍，从细微处关注参观者的学习体验，解答疑惑。台面信息中更有一些可以让观众开动脑筋去思索的内容，诸如"青铜工具的出现有什么重要意义""铜爵、铜斝'柱'的功能猜想""红陶缸的功用"，提出学界的若干观点，也邀请观众参与"头脑风暴"。

　　图像的信息传播更为高效，能避免因理解力与想象力差异带来的误会，是展陈语言转化的重要途径。展览存在大量需要详细解释的内容，我们的策展人员便扮演着"翻译官"的角色。盘龙城遗址军事板块中介绍了一座具有浓厚军事色彩的墓葬——小嘴3号墓。墓中随葬了较多兵器，如钺、戈、镟、铜面具、铜泡等，墓主人的身份极有可能是一位军事将领。如此多的兵器用于一人，各自又如何配用呢？于是，刘森淼副院长亲自手绘出一个武士形象：头戴面具，肩扛张弓，背负箭箙，箭箙中装有羽箭，手持装柲的铜戈，上半身着缝缀铜泡的铠甲（图3-81）。经过设计团队艺术处理后，一个栩栩如生的卡通武士形象便跃然于眼前，既丰富了版式的趣味，也为这个专业的考古展览平添了轻松愉悦的图像表达（图3-82）。

　　盘龙城地理位置优越，附近河网交错，水上交通便利，以长江、汉水为主要航线，可通往南方各地，因而成为通向周围及商王朝都城的陆路和水路交通的中心枢纽。盘龙城周围的湖北大冶、江西瑞昌、安徽铜陵、湖南麻阳是南方重要产铜地，江西九江与瑞昌之间的德安、浮梁、德兴又有铅、锡矿分布。早商时期，为保证矿产资源的开发和运输，商人在盘龙城投入巨大的人力物力，使其成为控制长江中游地区的坚固堡垒。要深入理解商王朝由盘龙城经略南土的方策，首先需认识长江中游矿产分布，我们在处理版面设计时扭转单一使用

■ 甗(yǎn) 是什么

新石器时代至商周时期蒸食炊器，多为陶质和铜质。分为上下两部分，下半部为鬲，用以盛水加热；上半部为甑，用以盛放食物；中间以箅相隔，便于蒸汽通过。陶甗出现于新石器时代，铜甗始见于商代早期，西周时期盛行，器身等部位常见有饕餮纹等纹饰。

盘龙城李家嘴 2 号墓出土有一件商代铜甗，高 36 厘米，口径 22 厘米，为目前考古发现商代最早的铜甗。

铜甗

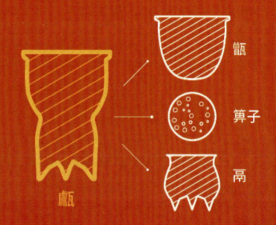

甗

甑

箅子

鬲

图 3-80　台面信息——"甗（yǎn）是什么？"

图 3-81　武士形象草稿（左）

图 3-82　武士形象展出成稿（右）

商时期南方铜、铅、锡矿分布图

盘龙城是中原控制南方铜、铅、锡矿的战略要地。

图 3-83　商时期南方铜、铅、锡矿分布图的漫画呈现

地图的传统思维，采用漫画的形式绘出商王的形象，一脚踏在中原二里岗，一脚横跨大别山踏于盘龙城，手握铜钺以示权威，目光投向长江流域的矿源地（图3-83）。盘龙城成为中原控制南方矿产的战略要地的地理原因从中便可知一二。

　　为了说明盘龙城所处的年代，我们尝试将盘龙城与中原考古学文化及夏商王朝年代对照呈现。如何将复杂又枯燥的表格转化为展览语言呢？经过一番深思，我们决定采用时间轴的形式表达。在一条时间轴上用多种图标同时表现夏禹开国、孔甲乱夏、商汤代夏、盘庚迁殷、武丁中兴、商亡于周等一系列夏商重大历史事件的时间节点，中原龙山文化、新砦期文化、二里头文化、二里岗文化和殷墟文化等中原考古学文化的年代，以及盘龙城考古学文化的三大分期（图3-84）。整个时间轴设计简洁，又将必要的知识信息条理清晰地传达给观众。有意思的是，时间轴中还体现出考古学文化年代相对于政权交替而言具有滞后性。为了增进观众对于考古学文化年代的认识，我们在其侧旁对这一现象进行了解释：政权可以在一夜间完成交替，但生产力与物质资料生产乃至社会习俗等方面的发展与演变，却需要一个相当长的过程才能显示出较为明显的变化。

　　在第一展厅的末尾处，我们用两个大型通柜并列展出了两块真实的考古地层剖面，效果可谓壮观。为了让观众读懂这"土里土气"的地层，看到考古地层背后的意义，我们制作了画面丰富生动的动画视频《地层故事——湖底曾经的人与山顶曾经的湖》，以故事的形式解说这两个奇妙的地层现象（图3-85）。湖底曾经的人：商代盘龙城水位比现在低约8米，如今盘龙城的水域面积比商代大得多。商代盘龙城存世三四百年后衰落荒废，随着武汉地区水位的不断上升，这里逐渐被湖泊覆盖，沉寂水下。沧桑变幻，斗转星移，如今的盘龙城遗址全然不同于往日的地貌，通过考古发掘和水下探测，才让古今盘龙城的地理面貌演变为人所知。山顶曾经的湖：在杨家湾遗址，考古学家发现了商代的湖相堆积，这种湖相堆积只有在湖岸滩才能发现，这种特别的地层现象说明商代人曾经对杨家湾的地形地貌有较大规模的人工

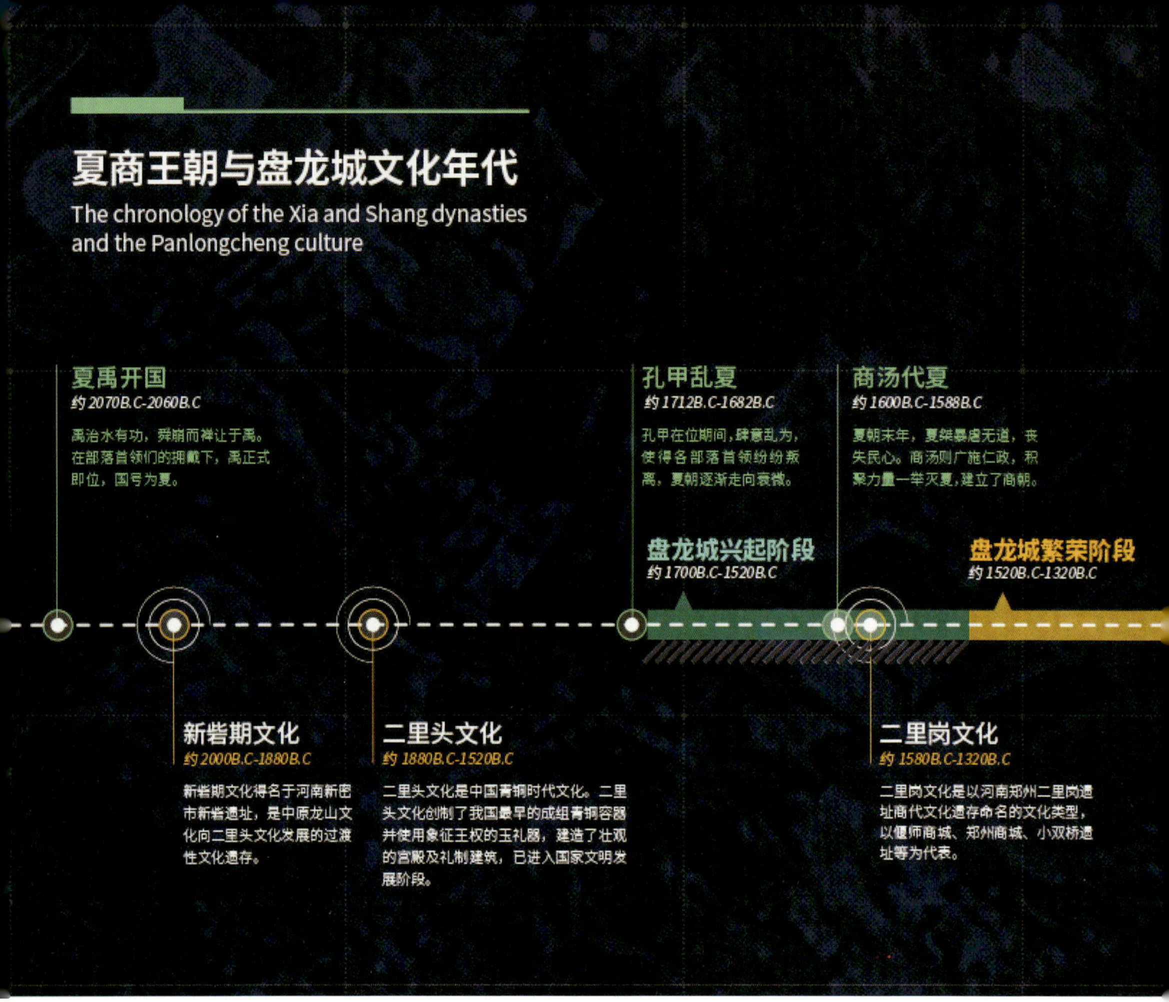

夏商王朝与盘龙城文化年代

The chronology of the Xia and Shang dynasties
and the Panlongcheng culture

夏禹开国
约2070B.C-2060B.C

禹治水有功，舜崩而禅让于禹。
在部落首领们的拥戴下，禹正式
即位，国号为夏。

孔甲乱夏
约1712B.C-1682B.C

孔甲在位期间，肆意乱为，
使得各部落首领纷纷叛
离，夏朝逐渐走向衰微。

商汤代夏
约1600B.C-1588B.C

夏朝末年，夏桀暴虐无道，丧
失民心。商汤则广施仁政，积
聚力量一举灭夏，建立了商朝。

盘龙城兴起阶段
约1700B.C-1520B.C

盘龙城繁荣阶段
约1520B.C-1320B.C

新砦期文化
约2000B.C-1880B.C

新砦期文化得名于河南新密
市新砦遗址，是中原龙山文
化向二里头文化发展的过渡
性文化遗存。

二里头文化
约1880B.C-1520B.C

二里头文化是中国青铜时代文化。二里
头文化创制了我国最早的成组青铜容器
并使用象征王权的玉礼器，建造了壮观
的宫殿及礼制建筑，已进入国家文明发
展阶段。

二里岗文化
约1580B.C-1320B.C

二里岗文化是以河南郑州二里岗遗
址商代文化遗存命名的文化类型，
以偃师商城、郑州商城、小双桥遗
址等为代表。

图 3-84　夏商王朝与盘龙城文化年代时间轴

化表现的恰恰是这样的过程。如夏人创造了二里头
文化，但商灭夏朝，并不意味夏人被完全消灭，二
里头文化更不会随夏王朝的灭亡而立即消失。

文化

B.C-1046B.C

以河南安阳殷墟遗址为代表，是晚商文
体现。殷墟是中国至今第一个有文献可
考古学和甲骨文所证实的都城。遗址范
出土了宗庙宫殿区、王陵区、手工作坊
。

图 3-85　动画视频《地层故事——湖底曾经的人与山顶曾经的湖》（组图）

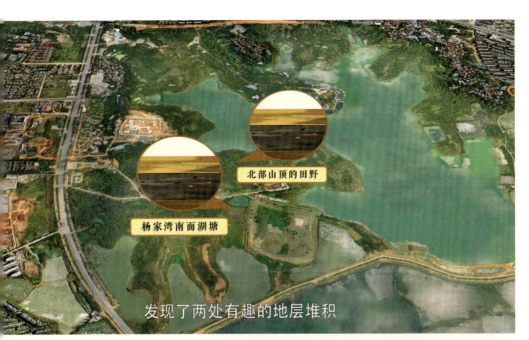

北部山顶的田野

杨家湾南面湖塘

发现了两处有趣的地层堆积

因此在岗地的适当场所修建湖塘

改造，盘龙城先民在后期迁居至地势较高的杨家湾时，为满足用水需求，将湖岸滩的泥土转运至杨家湾岗地的最高处，建塘围湖涵养水源，形成了独特的地貌景观。

在介绍盘龙城的习俗时，我们特别提出了"落葬礼"，考古发掘能够在过去的墓葬中发现大量珍贵遗存，正是源于古人"事死如事生"的习俗。商民在为先人下葬时，尤其是高级贵族下葬时，遵循着一套复杂盛大的仪式，为了让观众知晓落葬礼基本程序，并理解其背后深层次的精神信仰，我们在李家嘴2号墓复原模型之上悬挂一条垂幔，将《落葬礼》动画视频投影其上。视频以李家嘴2号墓为例，通过讲故事的形式解析盘龙城先民落葬礼的一般程序(图3-86)。人死之后以复杂的仪式埋入地下，大致分为准备、落葬、辞别3个阶段：准备阶段即墓穴和葬具的准备，首先掘穴、奠坑，腰坑内殉葬犬只，然后在墓穴底部以条木或木板铺底，之后用木板在底板上搭建椁室；落葬阶段即先人遗体和随葬品的下葬，首先沉棺，将已经入殓的死者的棺木放入椁室，并在死者身上放置绿松石等饰品，然后置器，将鼎、鬲、簋等食器沿墓壁放置在椁外，并杀人作为牺牲进行祭祀，再封椁、铺席，即将椁室封闭，并在椁室上铺苇席，之后杀牲殉葬，将觚、爵、斝、尊、戈、矛、钺等随葬品置于椁盖板上，最后填土；辞别阶段即举办虞祭，在墓穴周边行诀别之祭。作为商王朝的南方中心，盘龙城的居民保留着强烈的"祖灵信仰"。"落葬礼"表现出明显的阶级和贫富等级，也折射出商代社会中的家族观念及以家族为核心的社会结构。只有在了解这一复杂程序后，才能认识到时人深植于心的信仰与传统。动画画面淡去了丧葬仪式的血腥与阴暗，照顾到大众的心理感受，也适合未成年人观看，在轻松的画面表达之下，也更容易以客观、冷静的视角分析商代礼仪制度。

三、一场探索与解密的对话：展览外延解读

考古遗址博物馆常设展览的魅力，远不止于展厅之内，遗址才是最关键的展品，这是遗址类博物馆最突出的特点和最得天独厚的优势。区别于传统博物馆只能将展品限制在小小展柜的方寸之间，遗址本体大大延伸了我们观展的视野，将展览的维度拓宽到整个大遗址，弱化了展柜的空间限制。目之所及，一草一木、一石一土皆为展品。盘龙城遗址陈列将文物、展板与遗址有机结合，更生动而真实地呈现出 3500 年前的情境，把人们对商代城邑虚无缥缈的想象照进现实，给予大家最直观的体验。随着考古工作的持续展开，展览也始终处于发展变化之中。

（一）自然意境下的人文

1.相辅相成：遗址与展览

盘龙城遗址始终是我们展览和考古遗址公园展示的根基与核心。盘龙城遗址陈列正是遗址的重要衍生物，为观众认识和理解遗址服务，遗址现状与发掘、研究的成果决定了展陈的面貌与深度。毫无疑问，遗址本体是展览中最庞大也是最重要的展品，更是整个博物馆和遗址公园的灵魂所在，只有做好遗址保护，最大限度地展示遗址全貌，才能与基本陈列相配合，更好发挥出遗址博物馆的展陈功能。展览与遗址是密不可分的统一整体，遗址保护利用为展陈提供了丰富的内涵，而遗址本体展示也构成展的重要组成部分，二者相辅相成。

目前，我们所见到的遗址区展示效果是历年遗址保护与修复的综合成果。在遗

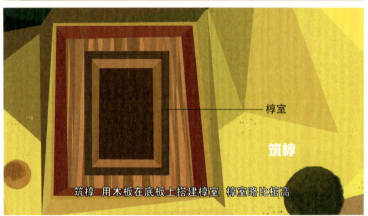

椁室

筑椁

筑椁　用木板在底板上搭建椁室　椁室略比棺高

虞祭

掘穴

长3.67米 宽3.24米

腰坑

腰坑内埋葬殉狗并抛入断成3截的玉戈

沉棺

死者的棺木放入椁室

戈、矛、钺等铜兵器置于椁盖板上

图 3-86　动画视频《落葬礼》（组图）

图 3-87　保护工程实施前的宫城全景（2006 年　自西北向东南拍摄）

址本体保护与展示一期工程全面启动之前，武汉城市化进程加快，直接推动了
盘龙城保护工作的深化，区域建设发展是遗址展示项目落地的内驱力。从 1954
年被发现开始，直到 21 世纪初，盘龙城遗址所在片区的地理环境始终维持着原
生态。作为城市外郊，遗址主要坐落的叶店村过去是农耕地带。直至 2005 年农
户集中迁离以前，遗址范围内荒草丛生、树木繁杂，仅有少数泥泞土路和砂石
道勉强通往外界（图 3-87）。如今我们介绍盘龙城，总是伴随着"地理位置优越，
交通便捷"的夸赞，在我国大遗址中，像盘龙城一样坐拥如此区位优势的遗址
屈指可数。但是，这一切并非与生俱来，而是"天时、地利、人和"共同作用
的结果。

　　盘龙城毗邻繁华的武汉汉口，是城市向外扩张的理想区域。1992 年，武汉
市盘龙城经济开发区成立，2005 年，国家发改委和湖北省政府重新审核批准开

发区规划建设，盘龙城的区域建设迎来蓬勃发展。盘龙城遗址也乘着区域发展的东风顺势而起，逆转了被城市发展扩张吞噬湮灭的命运。2002 年，武汉市官宣"盘龙城——武汉城市之根"的文化名片，肯定了遗址的历史意义和文化价值，将其视为区域发展的重要精神力量，对区域建设的腾飞具有奠基作用。正是得益于此，才能在城市扩张态势下，保有紧邻城市腹地的 6 平方公里的文化绿洲。

鉴于盘龙城遗址对凝聚区域文化共识、打造地方名片的积极作用，它的基本面貌及周围环境都得到了应有的保护，并在此基础上进行了整治和优化，为遗址对外展示提供了基础性条件。过去，遗址范围内遍布着大大小小的村庄，村民日常生活和长期的农业生产活动都对遗址造成了不同程度的破坏。加之武汉多雨，常遭洪水侵袭，1954 年以来，遗址周边多次兴修水利设施，遗址内的高地遭到取土破坏。同时，自然界的雨水侵蚀、冻融、温湿度变化、泛碱、风化作用等同样对遗址造成了不利影响。在这种情况下，遗址保护是重中之重，刻不容缓，只有遗址原真性顺利延续，我们的展览陈列才具有根本性的意义。

盘龙城遗址先后经历了两次大的动迁工程，2005 年遗址核心区搬迁和 2016 年博物院建设区搬迁彻底阻断了遗址遭受进一步人为破坏的可能，也为后续的保护展示奠定了基础。同时，公路、地铁的通达，园区内路网的建设和水电通信等基础设施的完善，大力推动着遗址区保护工作，为其保驾护航。所谓"要致富，先修路"，便利的交通让盘龙城和武汉市区紧密联系起来，从市区到盘龙城的时间大大缩短，为更多游客来到这里参观学习提供了机会，盘龙城的文化价值才得以惠及更多的人群。

便捷的基础设施是盘龙城遗址开发的基本条件，与此同时，周边自然环境也经过进一步的治理，一改原先杂乱无章、一派草莽的景象，旧貌换新颜（图 3-88）。盘龙城遗址的面貌在短短几年间发生了翻天覆地的变化，从过去仅为考古人所研究和熟知的遗址，到如今逐渐走入大众的视野，有赖于 21 世纪初十余年间遗址保护与环境整治等实质性工作的推进。有了这些先决条件，遗址展示工作和基本陈列才

图 3-88　保护工程实施后的遗址面貌（自东向西拍摄）

能顺利开展并取得今天的可喜成绩。"前人栽树，后人乘凉"，几十年的考古学术成果携手省（区、市）的综合力量，汇聚成盘龙城遗址如今的辉煌。"十年磨一剑"，这段策展前的漫长准备期是不能忽视的，它是其他一切工作开展的前提。

我们在盘龙城遗址陈列的筹备期协同推进遗址本体保护先行和遗址环境整治工作。本体保护展示主要集中在遗址核心区，囊括了城垣和城壕遗迹、宫殿基址、李家嘴墓葬区等。一如盘龙城遗址陈列，保护展示工作同样没有先例和模板可循，都是在实践中不断调整步子，从实际出发，将专家意见与现场情况两相磨合而成的，"摸着石头过河"，随时弥合设计与实际的冲突，克服展示材料与本地区气候、环境不相适应的困难。

宫城是目前整个盘龙城遗址的核心景观所在，四周宏伟的城墙和东北部突出的宫殿基址，是 3500 年前这座"商朝南土中心城邑"留给我们的珍贵遗产。

图 3-89　保护工程实施前的北城壕及北城垣区域景观（2014年　自北向南拍摄）

如今，走上城墙，踩在厚厚的夯土之上，极目远眺，周围繁华的城市景观与遗址的寂静无声形成了强烈的反差，恰如我们在现代化的展厅面对古老的文物一样，一种时空穿梭之感油然而生。与其他同类早期城址相比，盘龙城宫城的保存现状尚好，城墙的范围清晰明确，高耸于地面之上。20世纪70年代，俞伟超先生刚踏足盘龙城时，震惊于地面竟有如此高的商代早期城墙保留下来，一时甚至怀疑起它的年代，直到后来李家嘴贵族墓葬的发掘、诸多青铜重器的出土和对宫殿基址的探索证实了盘龙城遗址属商代早期城址的性质，才彻底打消了他的疑虑。由此可见，盘龙城的城墙何其壮观。过去考古人在盘龙城踏勘发掘时，也不免产生"乱花渐欲迷人眼"之感，当时可没有什么环境整治和本体保护工程，荒废了几千年的遗址面容模糊，林木丛生。繁密植被一定程度上削弱了宫城的震撼力，加重萧瑟荒芜之感，不论远观还是近看，都远不如今日的一目了然，居住在附近的村民权当此处是一处水体环绕的高地罢了（图3-89）。环境整治是遗址本体保护的先行者，清理杂乱的自然植被，

图 3-90　场地整治后的宫城区（上）

图 3-91　保护工程实施后的北城壕遗迹（下）

将宫城从外围草莽中拔出，是遗址展示的第一步。

宫城区的保护展示重点在于城墙、宫殿基址和北城壕。盘龙城的四面城墙均有地面遗迹留存，在抗洪取土以前，高度可达 8 米，现存三四米。除了人为取土对墙体造成过破坏，长期的雨水冲刷等自然因素也在不断对其进行侵蚀。本体保护的过程中，城墙上存在的表层耕土和过多的植被得到清理，并于墙面原始夯土之上重新覆粉质黏土，以保护原有文化层，这种二次覆盖的土体经过夯实后达到的密实度和含水率不利于植被根系发展和繁密生长，可保持墙体外观长期稳定。墙侧坡面也经过了覆土和削坡处理，使得城墙整体形制更为规整，轮廓更加清晰（图 3-90）。北城墙外探明的东西向城壕采用鹅卵石填铺的方式来指示其位置及宽度，石子多是黄白色，构成的城壕似锦缎上垂挂的玉带，与城墙及周围环境形成鲜明的色差，成为一道独特亮丽的风景线，无水化处理方式也使得游客能更近距离地接触和感悟遗迹（图 3-91）。

城墙内东北片是宫城中最高的位置，20 世纪 70 年代，重要的遗迹单位一、二号宫殿建筑基址发现于此，在考古发掘和研究工作结束后，已原址回填。本体保护展示工程中，宫殿建筑基址配合城墙最能展现商城营建思想和特征，因此宫殿基址原貌的展示尤其重要。我们在原址将台基垫高，对宫殿基址进行复原模拟展示，前后提出了两套方案。最初，基址模拟采纳了北方遗址保护展示的经验，台基选用三合土材料并进行夯筑，宫殿墙面则以泥筑，泥中添加植物纤维，"木骨泥墙"的"骨"用的是老旧杉木，墙面整体统一维持在均匀的 80 厘米高。这种做法符合过去商代宫殿建筑用材和施工的实际情况，是经过学术研究的科学成果。然而，"橘生淮南则为橘，生于淮北则为枳"，北方的好法子脱离了原有环境到了南方就出现水土不服的情况。不过三个月，模拟工程难挨暴雨冲击和洗涤，最终变得面目全非，土茬在阴雨滋润下甚至长出了新的杂草，不明"内幕"的老乡戏称这里修了"猪圈"，引人发笑的同时也让大家倍觉辛酸（图 3-92）。

在首战失败后，原有方案得到了调整，夯土台基四缘由陡直变更为斜坡状，墙

图 3-92　一号宫殿复原第一套方案经雨水冲刷面目全非（上）

图 3-93　重新设计施工后一号宫殿建筑基址（下）

体也由平齐的高度改为断壁残垣式，更能营造一种岁月变迁的氛围和历史沧桑感。根据南方气候特点，并吸取本地建筑经验，土墙改用以竹为骨，同时在大部分用泥墙覆盖的情况下，裸露出部分竹骨用以连接两侧土墙，很好地展现出建筑墙面的营造方式。最关键的是，将三合土替换为适应南方天气变化的"改性土"，更能抵挡住风雨侵蚀。此外，宫殿的每一根柱子都经由武汉泥塑非遗传承大师"泥人胡"及其徒弟手作成型，造型、大小和形状不一，独具匠心，充分体现了非遗手工艺的精妙，也为基址复原注入了独特的人文温度，在普遍机械化作业的当下，手工创作更富巧思而难能可贵，也更符合商代建筑实际。墙体和台基也是在他们亲手堆筑的泥塑小稿基础上放大而成。经过调整的宫殿基址模拟工程更加适宜南方实地情况，不论是外观还是质量都有了质的飞跃，兼顾了科学性和美感，给人耳目一新的参观体验（图3-93）。这里的基址复原也与基本陈列第二展厅的宫殿复原两相呼应，宫殿复原让我们了解到了房子本来的样貌，将这一印象移植到宫殿基址复原之上，宏伟的商代宫殿就此拔地而起，在观众脑海中形成了最直观的画面，房屋究竟有多宽阔高大，面对着建筑原址即可一目了然，基址和宫殿复原的结合形成了一个完整而科学的商代宫殿形态。

　　城墙外围的李家嘴贵族墓葬区发掘出土过一大批珍贵的青铜器、玉器，包括提梁卣、铜钺、大玉戈等，它们是遗址最有代表性的一批器物，也是盘龙城对外宣传的重要名片。除了器物外，墓葬本身也带给了我们关于商代早期的葬俗、葬制等方面的关键信息。墓葬发掘之后即回填，在遗址展示中，我们暂时采用有别于周边绿植的矮灌丛标示墓葬位置及大小，站在城墙上向破口湖方向眺望，可清晰地见到墓葬所在。如此，我们对遗址核心区城墙、宫殿与墓葬区的相对位置关系有了最为直观的认识，也间接了解到商人处理居住和埋葬选址距离、相对位置关系的做法。目前，墓葬区展示的信息还相对有限，未来我们将会做出调整和变更，以期将更多的墓葬信息表现在遗址区展示中。

图 3-94　宫殿区复原鸟瞰展示

　　本体保护展示工程告一段落后，遗址核心区重焕生机，迸发出新的活力（图 3-94）。整个公园的核心和支柱非城墙宫殿基址莫属，其体量与展陈效果足以作为遗址公园中最精彩的看点。而盘龙城遗址陈列展览则将展厅内容与户外遗址做了有机互动。展厅对遗址的发掘及研究成果进行了深入而全面的阐释，在背景知识的支撑下，我们能更好地理解遗址内涵，带着知识点去参观和欣赏遗址，对商文化有更深刻的体会。

2.相得益彰：建筑与展览

　　我们将展览与遗址视为一个有机的整体，要求服务于展览的馆体建筑也要完美地融入整个公园中，与遗址和谐统一。为了使建筑与大环境相协调，馆体

　　设计方案经历了反复的斟酌与打磨。最终呈现的建筑格局和外观与遗址内涵息息相关，充分体现了盘龙城遗址的特点。遗址重要的构成部分——城墙和宫殿基址都能在博物院建筑中看到其影子。

　　博物院建筑的落成经历了一个漫长的过程。最初的建筑选址脱离了遗址保护区范围，布局在距离遗址核心区很远的外围建设控制地带，与核心区相距 4 公里。将博物院从遗址上剥离的做法虽然避免了对遗址原貌的破坏和对遗址地表的占用，但却造成了遗址本体与展览之间的割裂：一方面，长距离奔波于展厅和遗址之间会消磨观众的参观热情，致其疲惫；另一方面，展览与遗址之间的联系会因距离过远而被削弱，不利于参观体验。此外，建设控制地带居民较多，搬迁困难；博物院与遗址间也缺乏封闭式交通，需要绕道公园之外，穿越社会片区，造成参观体验的断层。在综合考量各种因素之后，博物院选址最终确定在宫城西北方向属一般保护区范围的大邓湾，邻近公园西大门，距离遗址核心区直线距离在 1 公里内。将博物院设置在遗址范围内，与公园相结合，加强了馆舍与遗址、展览与遗址之间的联系，同时丰富了公园的整体景观，打造新的观赏点，用建筑的特色与美感加持并延伸展览对遗址的阐释，强化了展览对遗址的表现力（图 3-95）。博物院馆舍建筑也是反映遗址特征的综合体，和展览一样，都是遗址的重要衍生物。

　　博物院建筑设计的灵感也来源于盘龙城遗址的文化特征，建筑中融入了遗址的"城墙""高台""重器"等关键元素，并结合周边环境特征，充分体现因地制宜、兼顾遗址特色与环境协同的设计思路。在建筑设计的过程中，"自然人文一体化"的理念贯穿始终。馆体所在位置位于盘龙湖西侧半岛，为半坡地形，博物院建筑遂以"半嵌入式"状态隐于坡地山体中间，顺应地势。馆体高度控制在 12 米以下，与林冠相一致，使得整个建筑基本没入周围的林木之中，为地景式景观建筑。这种设计方案让馆体犹如一方巨石稳固地挺立在林草之中，虽与土壤植被的自然性质不一，却宛若天生，完美融合于境；建筑置身于整个公园的苍翠之中，则似无边绿海中的一叶扁舟，成为绿野中独特的一道风景线。对坡地地形的巧妙利用，很好地消

图 3-95　与环境和谐一体的博物院建筑

隐了建筑的体量，使得建筑和自然景观和谐一体。建筑外观和色彩同遗址本体的重合度也比较高，两相协调呼应，不至于突兀而对遗址区风貌产生负面影响。而建筑整体形态平直舒展，较为方正，正与坡地的弧度和周围草场的高低起伏产生反差，形成错落有致的视觉体验。

我们的馆体建筑还灵活借鉴了遗址区宫城的诸多文化元素，是商代遗址形态的艺术化再现，符合本地的文化特色，集历史性、时代性和艺术性于一体。对于遗址特征点的提炼融合在建筑外观之中，这一过程并不是机械化复制或直接挪用城墙、宫殿结构，而是在实物基础上的抽象和升华，最终呈现的建筑效果紧凑大气，与遗址和而不同，处处体现着遗址特征，却又不是遗址的简单重复。例如建筑外立面采用了与土城墙颜色类似的砖块，这种砖面凹凸不平，纹理基本呈横向排布，可模拟城墙夯土的视觉效果。建筑整体造型重现了商代城墙与宫殿的巍峨（图 3-96），宽阔的入口似宫城城门，登顶建筑二层，犹如登上城墙，

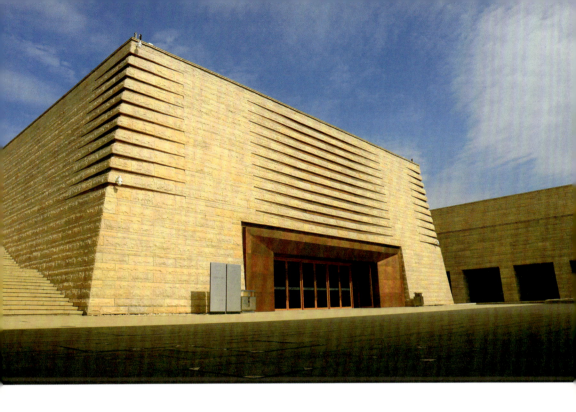

图 3-96　建筑外观的高台营造

极目远眺，将整个遗址公园包揽于视野之内。顶部在建筑整体呈矩形的基本体量上突起大小相间、高低有序的矩形构造，化用了遗址夯土台基，使得建筑外观任一角度都有看点。建筑墙体围合的内部庭院、回廊则可与遗址区一、二号宫殿基址的外围结构相呼应，将古人的建筑智慧以今人的审美眼光改造。进入建筑内部，大厅和展厅之间的通道与内部庭院连通，庭院内造景可与遗址区的自然环境结合，同时又可透过展厅落地大窗和开放式庭院远眺公园风景，并巧妙地利用庭院和建筑超出山体的部分进行自然采光和通风，在很大程度上做到了建筑与环境的沟通与互惠。馆体的建筑结构与特征正抽象诠释着古代"城"所展现的"方正"与"围合"的精髓。

　　在宏观的建筑整体之下，也有一些微观的设计考量。大厅内墙面中部以盘龙城杨家湾 11 号墓出土的铜刀纹饰为创意设计来源，将条带状龙纹做成狭窄的纹饰带环绕了馆内大厅一周，使得墙面更加精致多变，摆脱单一夯土样式的粗糙与沉闷，馆内走廊、其他墙面等也有多处运用了这一设计元素，使得整体风格一致。整个博物馆对遗址的文化元素进行了提炼与融合创新，综合立面、高台、庭院、回廊等建筑结构，共同构筑一个有机和谐的整体，与遗址相呼应，形成既独特又满富内涵的视觉效果、空间架构与艺术氛围。遗址、建筑与展览形成了一个完美的闭环，交相呼应，彼此成就，缺一不可。

　　不论是从宏观的自然环境与馆体关系，还是从微观的馆内设计来看，馆体建筑都体现着传统之美、艺术之美和创新之美的结合。她与四周的湖光密林浑然一体，与古朴厚重的遗址和谐统一，承载着内容丰盈、形式多样的展览，集历史性与现代化于一身，是公园之中除遗址之外的重要地标。身处于如此富含遗址元素的建筑中认知和感悟盘龙城，更能获得沉浸感，体会到商文化的魅力和遗址厚重的历史感。

3.和谐共生：生态与展览

　　古城的发展与兴盛同所在地的自然环境息息相关，盘龙城深厚的历史文化底蕴正是脱胎于优越的自然地理环境。如今，盘龙城大遗址保护成果斐然，不仅通过遗址本体保护和展览的开办表现出遗址内含的灿烂历史，更经由考古遗址公园的整体建设深化了文化遗产的价值阐释，发挥出生态环境对遗址展示的重要辅助作用，挖掘出人文自然相契合的内在价值，带来了更为深刻的社会意义。

　　我们始终坚持遗址公园建设的首要任务是大遗址保护与遗址内涵研究，展览展示、宣传教育、休闲旅游则是在遗址保护基础上的开发与利用，是发挥遗址社会效益和扩大影响力的重要途径，对于推动遗址保护和遗址永续发展具有积极作用。优越的自然地理环境正是促进这种开发利用的重要资源。盘龙城国家考古遗址公园的自然地理环境成就了我们在回馈和服务社会方面超越一般博物馆的优势：除本体展示和盘龙城遗址陈列之外，公园内绿树成荫、鸟语花香、山明水秀，生态环境和自然地貌得到最大限度的保护，优越的自然环境也成为遗址展示与展览的重要组成部分。盘龙城遗址的保护利用和博物院建设都有赖于这一方水土，生机盎然、欣欣向荣、四时变更的自然风景，将遗址和博物院映衬得更加美好，在自然环境的完美烘托下，古老的遗址迸发出新的活力，奏响一曲人与自然和谐共处的优美乐章。盘龙城的历史文化背景是遗址公园的精神内核，而自然背景则是承托遗址本体的基础与支撑，二者缺一不可，在外围已然高楼耸立的情况下，遗址内保留下来的原生自然环境就显得格外难能可贵。

公园内的植被和野生动物是除遗址本体和博物院之外的重要景观，是宝贵的自然遗产。为了最大限度地维持和保护遗址原貌，我们在进行环境整治时采取了"最小干预原则"，原生地形和植被受到的人工影响较小，自然环境的原始性保护了生态多样性。稳定的自然环境一方面可以巩固遗址保护成效，另一方面也构成展览的重要补充。在从博物院到遗址区的一公里路程内，不同的植被花木构成了丰富多样的地面景观，另有大小不一的湖泊、池塘等水体，总量达到十余处，这些丰沛的水资源为景观营造提供了良好的条件，和连绵的坡地、低矮的花田一起，形成复杂多变的公园地貌。

园区内的主要原生林木种类包括栾树、樟树、构树、桑树等，分布在主路两侧的丘陵坡地上，另有树龄在一百年以上的三级古树朴树若干，繁密的林木形成了遗址的原生环境基础，处处体现着自然生态的质朴和原始。为了丰富自然景观，打造更多的观景点，主路两侧经整治和拓宽的近十米过渡草坪地带上人工栽培了多种植被，包括乔木类的桂花、海棠、碧桃、木绣球、红枫、蜡梅和柑橘等，低矮草本类的百日菊、鸡冠花、金丝桃等，小型池塘中生长着睡莲和荷花，在楼子湾还保留有一处农田，根据不同时令种植油菜、向日葵或格桑花等，可谓移步换景，处处不同。从小嘴到楼子湾遗址点的林中步道两侧途经的则多是原生植被，沿途可见乌桕、桑树、樟树等，高大繁密，隐天蔽日，野蔷薇、络石等藤本植物生长茂盛。遗址区不仅是历史悠久的文化遗存，更是生机盎然的生态园林。园区内的野生动物种类也非常丰富，鸟鸣不绝于耳，灰喜鹊、麻雀、戴胜、斑鸠等，或于草地争相飞离人群，或三两立枝头欢歌；若是在游客较少的阴雨天气，偶能遇见雉科动物悠闲漫步于林草过渡地带；池塘里嬉戏着野鸭，远处的盘龙湖岸边有捕食的白鹭，不一而足。低矮起伏的缓坡、密树环绕的林地、碧波翻涌的湖群、静谧恬淡的池塘组成繁复的自然画卷，配合经人工整治过的历史遗迹和园区道路、因时而异的花田，构成了品类富集的景观群，使得人们在领略历史文化魅力的同时，感受到自然风光的美妙，在忙碌的城市生活之余，享受与大自然难得的亲近（图3-97）。

独特的地理环境决定了我们在进行遗址保护的同时，也承担着与周边社区进行文化交流、生态交流的重要职能，现在的遗址公园也是人们探访自然生态的重要场所，她所具有的优越的自然环境为人们放松心情、获得心灵疗愈提供了条件。如今，经济高速发展，遗址周边环境早已转变为由纵横街道和高楼大厦连接而成的城市景观，通往市中心方向的区域城市化程度更深，植被覆盖更少，而盘龙城遗址景观则兼具人文与自然特色，在生态景观上表现尤为突出。

城市化在推动经济发展、提升人们的生活质量方面具有诸多的积极意义，但也带来了不少的社会问题，快节奏的生活方式加剧了不少人的心理压力和精神紧张，更多的室内学习和工作，长期浸润在网络世界之中，不仅造成身体的负担，同时更易引起情绪波动和心理上的抑郁，走进博物馆、亲近户外遗址都能起到很好的治愈作用。博物馆的社会职能理想包括了为周边社区提供一定的生态相关绿色空间、绿色展览或绿色教育，对于大多数博物馆来说，提供生态环境教育和相关主题的展览是可行的，但难点就在于打造绿色空间，服务周边或其他观众。我们在这方面具有无可比拟的优势，原生态优美的自然环境搭配便捷的交通和邻近市区的优越区位条件，使得参观到访轻而易举，只要来到公园内，免费亲近自然的机会唾手可得。

公园环境在为观众带来心理疗愈的同时，也一定程度上唤醒了人们对自然的珍视与热爱之情，只有更重视环境保护才能长期维持和享有生态之美，环保意识才能在更大范围产生影响。这种环保意识的萌生正是环境刺激的结果，接触自然生态是第一步。在这种理想状态下，遗址公园在传播历史文化知识的同时，也推动自然环境对人们产生积极影响，收获更高层次的生态效益和社会效益，为遗址公园的可持续发展乃至社会进步做出积极的贡献。这一层面的价值已经超出展览讲述遗址历史和文化内涵的基础职能，赋予了展览宏观层面的自然生态意义。

生态与人文是相互影响的，在遗址本体与生态的天然联系之外，有的自然景观也被赋予了人文的意义。遗址周边区域是城市发展扩张的关键地带，城市化进程使得地面环境发生了翻天覆地的变化，过去的农村社区不复存在，在高楼林立的城中唯独留下遗址公园这一大片区域的原生环境（图3-98）。盘龙城遗址的原始地貌得到了最大限度的保护，是城市开发过程中的"幸存者"，将喧嚣的城市隔绝于外（图3-99）。这片区域最重要的价值虽然在于遗址保护，但遗址本身也是原始社区存在的见证，是独特的记忆留存场域。有居民目睹了遗址从发掘保护到展览、公园开放的全过程，他们及其家族内老一辈人都生于斯、长于斯，园区内未开发区域保留的乡间小道可能就是他们行过的路，对于曾经在某一片地上种植过庄稼的情景他们都历历在目。原生活于遗址内农村社区的人们现在不少都被安置在遗址周围，对这里的自然环境存在特殊的感情。同样有感于这种剧烈变化的人是遗址公园的建设者，不论环境整治还是本体保护，建设者均全程参与，公园中大到城墙、宫殿，小到一草一木都承载了这批新时代"拓荒者"浓重的情感。遗址生态所承载的人文价值从时间维度上可以划分为两部分，其一是遗址本体蕴含的3500年前的历史；其二则是在经历了漫长的稳定期后，在剧烈的城市发展带动下的公园建设历程。得益于遗址保护，这里的原生环境得到了很好的保留，与周边的现代化居民区形成鲜明的对比，自然环境的相对不变就留存了独特的人文记忆。遗址公园不仅是城市中的文化绿洲，更是当代人文的重要纪念品。

图 3-97　遗址自然风光（组图）

图 3-98　遗址公园与周边社区（上）

图 3-99　林木森森的遗址区与周围耸立的高楼（下）

　　除了有关于社区变化的记忆之外，部分新融入的植被也被赋予了特别的人文情感。武汉市抗击新冠疫情取得的伟大胜利，离不开全国多个省（区、市）的支持与帮助，辽宁铁岭的援鄂医疗队在疫情结束时曾到访盘龙城遗址，并在邻近宫城的主道一侧栽种了桂花和山茶花留作纪念。援鄂医疗队虽已离开武汉这片土地，但我们永远难忘他们为这座英雄的城市做出的无私奉献，每一位到访盘龙城的游客只要在说明牌前驻足，都会记起武汉抗疫的艰辛岁月，有感于众志成城、团结一心的伟力，获得心灵的触动。桂花和山茶花寄托着人们的感恩之情，年年都更挺拔茁壮地生长，浓烈的人文情怀也在盘龙城深深根植。

　　园区内丰富的自然景观与人文景观和谐共生。游客在有限的展厅空间内感受过盘龙城遗址深厚的文化沉淀后，移步公园内，从视野更广阔的遗址本体和自然风光中加深对遗址的认识，同时获得自然对心灵的陶冶洗礼。遗址公园综合了人文和自然景观价值，合二为一，两者交相呼应、相互联结。盘龙城遗址陈列，坐落在风景秀美的考古遗址公园中，历史的、自然的、新生的景观交融汇聚，构成生态与人文并行的景观。在最大限度维持遗址原貌与原生态的基础上，我们力求将公园建设得更富历史感和沉淀感，也追求让观众在参观游览的过程中贴近自然，获得情感的触动和精神的升华，于喧嚣的城市之外聆听内心的声音，在慢下来的节奏中褪去生活的浮躁与沉闷。

（二）动态变化中的展览

　　2019年正式开放以来，盘龙城遗址陈列的基本内容一直处于动态完善的过程中。不同于一般意义上的博物馆，我们是一个遗址类博物馆，大遗址的考古工作和学术研究从未停止，基本陈列同样不会一成不变，展览内容总会因为新发现和新成果而不断更新与丰富。盘龙城遗址陈列开展以来，根据近年新的考古发掘与发现成果，进行过数次小规模提升改陈，从展览内容、展品到展陈手段均有一定程度的更新。此外，公园内遗址本体展示及环境的改造升级，也是展览变化的一部分，是对展览的重要补充。

盘龙城遗址的考古发掘工作和成果是基本陈列的动力源，稳步推进的发掘进程也促进了展览内容的推陈出新、与时俱进。盘龙城考古工作大体以 2013 年为分界，在此之前的发掘主要以考古学研究为中心，重在解决学术问题，这些成果占据了基本陈列的大部分内容；从 2013 年开始，考古发掘被遗址公园整体规划明确为公园建设的重要组成部分，成为在《盘龙城遗址公园考古工作规划》指导下开展的分步骤的、循序渐进的科学工作，重在配合遗址公园建设与未来发展，保有持久活力与广阔前景。在遗址公园规划框架下的考古发掘及研究就成为展陈内容扩充和更新的关键。近十年内发掘的杨家湾 17 号墓、王家嘴中小型墓、小嘴铸铜作坊，以及对盘龙湖的水下勘探等成为展览中最前沿、最新的内容，对绿松石镶金饰件的研究和复原等工作更是展现了多学科的交叉和多元化认识的碰撞。这些遗址内的重大考古发现和研究成果在推动人们认识更新的同时，也促进了展览的深化发展。近两年，我们还在对小嘴铸铜作坊的分布和结构进行不断的探索，杨家湾北坡的大面积石头堆积更有待进一步的发掘和研究去阐释其内涵，王家嘴遗址点的建筑基址及相关遗物的科学研究也还在继续。2019 年展览开放以来，小嘴、杨家湾、王家嘴等地点陆续开展的这些考古发掘和研究继续深化我们对遗址的认识，不少成果还未进一步转化，是今后展览中不可或缺的部分，将为展览注入新鲜的养分。

展厅内容会随遗址研究的深入和文物实际情况进行变更和升级，基本陈列是动态变化的，每一次观展都能带来新的体会和收获。如第三展厅"角立南土"部分将盘龙城放到整个考古学文化背景下与同期的遗存进行比较研究，其中借展了众多中原地区的文物。这批青铜器、陶器后期将不再续借，进而影响到第三展厅的整体叙述框架，因此，展览内容也需及时做出调整。在这种情况下，新的盘龙城研究成果和发掘出土的文物就可以增加到第三展厅的内容中。此外，展厅多处都设有多媒体互动装置，其中的游戏或演示内容也会不定期更换，尤其是一些互动小游戏时有增、删、改，贴近时下风潮。

　　基本陈列变更的同时，遗址区展示也有一定的优化和升级。作为陈列的重要组成部分，其展示内容在不断发生变化，在既有宫殿和城墙的基础之上，随考古新发现和研究而不断扩充。在做好充分保护的前提下，对遗址区进一步开发和展示也是今后遗址公园发展的重要方向。目前园区内遗址展示主要是本体保护一期的成果，核心包括前述的宫城区城墙和宫殿建筑基址，总的来说，可参观的历史遗迹相对有限，自然环境的原生程度很高。结合现状及前几年进行的小嘴铸铜作坊和杨家湾北坡考古发掘情况，公园内遗址景观丰富与完善的前景十分广阔，还有大量工作可做，是以能推动遗址区展示上升到一个新的高度。杨家湾北坡考古发掘现场面积适中，保护情况较好，遗迹现象也较为清晰，其上盖有考古大棚，很好地减弱了自然气候对遗迹现象的侵袭，可保留考古发掘现场对公众进行展示（图3-100）。这种考古现场展示能够让观众更直观地了解到考古发掘工作所包含的具体内容和采用的科学方法，一定程度上可以消除公众对学科的一些误解，使其对考古学的科学性有一个更深入的认识。李家嘴贵族墓葬区是盘龙城最重要的考古发现之一，以单体墓葬规模和出土随葬品都相当可观的李家嘴2号墓为代表，对研究商代贵族埋葬制度和丧葬习俗有重要价值。然而，目前李家嘴仅以植被标示出墓葬位置和大小，能够展现给观众的信息十分有限，规划未来将会在原址对墓葬发掘现场做复原展示，墓中出土了哪些具体的文物、分别分布在哪些位置等，通过复原展示就能一目了然。

　　遗址本体保护不是一蹴而就、一劳永逸的，而是需要坚持长期开展、持续稳步推进的基础工程。遗址区自开放以来受到自然环境和人为因素的双重影响，基本面貌难免发生一些变化，部分甚至危及遗址保护成果。因此，在遗址维护、保养的基础上，部分设施也会发生变更，小幅度改变以往的景观。武汉地区多暴雨，遗址又

图 3-100　杨家湾考古大棚

被水体环绕，2020 年 8 月至 9 月，受极端强降雨天气的影响，宫城内出现湖水倒灌情况，四面城墙护坡均出现不同程度的小面积开裂、塌方。所幸垮塌部位是原先用以加固城墙本体保护的覆土，未伤及城墙本体。而后东、北城墙的塌方部位得到了专业施工建设队伍的维护和修缮，恢复到暴雨侵蚀前的状态，继续向公众正常展示。气候因素不仅对遗址本体造成了不利影响，也一定程度上危害着园区内的人工设施。宫殿区塑木栈道 2015 年已建成，在开放的过程中，由于露天常年经历日晒雨淋，已出现多处断裂，存在一定的安全隐患。为确保游客安全、提升参观体验，原有栈道被更换为持久耐用、性能优良的防腐木栈道，在提升安全性能的同时，也更好地与遗址环境相契合。另外，观众游客数量的增加会对遗址环境造成一定的压力，带来一些人为的负面影响，如植被破坏、垃圾丢弃等，因此，园区内长期进行专业植被养护和环境清理，以维持良好的自然生态。我们时时关注园区内的动态消息，做好预案和计划，力求将自然及人为因素对遗址产生的负面影响降到最低。在保证遗址面貌稳定的同时，定期维护公园内的设施和景观，以维系其较好的自然环境和优越的参观条件，推动遗址永续发展。

园区内的标识标牌在辅助指引观众参观的同时，也展现着遗址的文化风貌和园区的审美意识，标识标牌的更新换代也是遗址区环境维护和设施更新的重要内容之一。公园开放初期，标牌数量很少，风格也十分简朴，没有太多设计感可言。盘龙城遗址陈列开放一两年之后，园区标识愈发显得与优美的遗址环境和精彩的展览不相搭配，甚至不能很好地履行指路的基本任务，缺乏很多关键的信息，这一状况在2021 年得到了根本性的改善。调整和更新后的标牌与遗址环境融合度高，同时满载遗址文化元素，又与展厅的相关内容呼应，充分体现着盘龙城特色，成为遗址环境中亮眼的存在（图 3-101）。

从设计细节上来说，标牌色调均以暗金和棕色为主，金色代表青铜器本色，棕色则取自城墙本体的颜色。上半部分展示位置导览、文字说明等关键信息，底座则以城墙和地层为元素设计，给人以敦厚稳定之感。标牌上的地点指示性符号如出入

图 3-101　一些具有文化特色的指示图标

口、洗手间和警示标语导视牌等在不违背国家标准的前提下也进行了特别处理，人物形象均采用了第三展厅的人物剪影；建筑标示如宫城区、互动体验区等结合了商代宫殿、青铜器等的外观形象，在提取其素描线条化形状和特征的基础上，充分体现着盘龙城作为商代城市遗址的特点。众多遗址点如杨家湾、楼子湾、江家湾等的标识和介绍则采用了透明玻璃板搭配深色字体的样式，与位置导览标示牌等相区分，体现了丰富多样的形式设计，同时也不会因过多妨碍地表景观而产生突兀之感。此外，这种透明玻璃板也用于宫殿区的互动拍照，在模拟探方和宫殿区域各设有一座电镀不锈钢支撑起的玻璃夹层，分别绘有探方发掘和宫殿复原场景，透过玻璃找准角度可以将图片与遗址现场重合，搭配绿草、蓝天、白云等自然场景，拍下趣味横生的遗址景观照片，兼具文化与自然之美（图3-102）。

公园内几处草木林间还树立起耐候锈板材质的人物造型景观小品，模拟盘龙城人的生活场景，具体包括博物院前方高低起伏草坪内的射箭、搏斗场景；通往遗址区主路两侧的采摘、狩猎、烹食场景；小嘴遗址点内的冶铸场景；盘龙湖边的撒网、捕捞场景等，与周围的自然环境融为一体，再现了一幅幅生动

图 3-102　宫殿区打卡点实景效果

的画面，置身其中，有穿越时间之感，仿佛 3500 年前的盘龙城人就在眼前（图3-103、图3-104）。这批人物小品的造型也采自第三展厅的剪影，与展厅、说明牌的风格一致，形成盘龙城别具一格的特色。就连园区内的休憩长椅也富有文化特征，椅面上采用了宫殿区出土陶鱼和小嘴 3 号墓出土有领玉璧作为设计元素，线条化的小鱼分居于有领玉璧化形的涟漪两侧，构成一幅灵动的双鱼戏水图案（图3-105）。经过更新设计后的标识标牌、基础设施等都成了盘龙城文化符号的特殊载体，与遗址环境和谐一体，充分展现着商代城市文化的独特魅力，在为公众提供便利的同时也让他们感受到了十足的文化氛围。这也是盘龙城作为考古遗址公园区别于一般休闲娱乐公园

图 3-103　狩猎、烹食景观小品

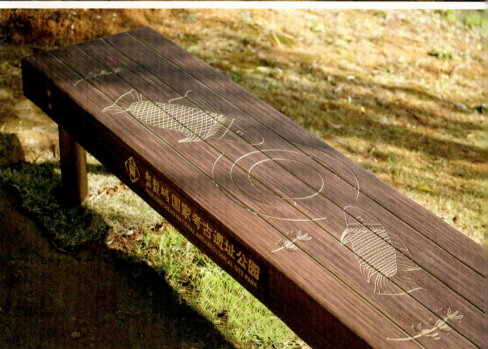

图 3-104 武士操练景观小品（上）

图 3-105 公园内休憩长凳（下）

的表现，将文化元素渗透到公园的各个角落，使公园处处体现浓厚的历史气息。

我们的基本陈列和遗址展示始终处于动态变化之中，正如我们的城市口号"武汉，每天不一样"，作为"武汉城市之根"，盘龙城遗址不仅见证了3500年历史的沧桑巨变，更与城市发展的脉搏同频共振。我们始终致力于讲好盘龙城的故事，在不断建设发展的步伐中力争走在遗址博物馆建设、考古遗址公园建设的最前列，为社会公众带来更优质的博物馆参观体验。

"江汉泱泱　商邑煌煌——盘龙城遗址陈列"根植于历史底蕴深厚的盘龙城遗址，承载于满富设计巧思的博物院建筑，更背靠着生机盎然的自然生态。这些展厅空间以外的重要景观与基本陈列相辅相成，缺一不可，共同构成了盘龙城遗址人文与自然两相和谐的景观圈。我们谈论大遗址中的基本陈列展览的形成，解读展览的思想与内涵自不可拘泥于展览本身，遗址保护与生态环境这些大的背景和基础有必要交代清楚。只有这样，我们对展览才能有更深刻的认识，了解更多展览背后的故事，也领会到考古遗址类博物馆展陈的特殊性，在展览内容与形式设计之后单独讲述展览与遗址本体、环境的关系，更能凸显出展览的整体价值。盘龙城遗址陈列既是遗址保护与公园建设的关键成果，也是遗址与公众间的桥梁，同遗址本体、建筑、环境一起呈现出盘龙城文化，让公众从更全面的角度认知、品味盘龙城。

江汉泱泱
商邑煌煌

The Broad Yangtze River and
the Hanshui River
Magnificent Town of
the Shang Dynasty

一、服务：从观众中来，到观众中去

　　盘龙城，既古老又年轻，她是一个很古老的遗址，古老到能回溯3500载光阴；也是一个年轻的博物院，年轻到2019年刚刚开放。"江汉泱泱　商邑煌煌——盘龙城遗址陈列"和盘龙城遗址博物院同步面世。开门迎客，不只是我们的展览要迎接来自观众的"大考"，我们围绕展览开展的各项服务——导览、社教、文创、宣传……同样面临着全方位的考验。

　　布展完成了，紧绷的情绪并不能放松，我们一度担忧，展览走的这条路，观众能接受吗？以考古学的视野来做展览，观众能理解吗？凝聚心血的展览设计，观众会买账吗？为此，我们开展了广泛的观众调查，结合实际，点滴摸索，逐渐总结出了盘龙城遗址博物院的"大宣教"模式。

（一）了解观众和"定制服务"

　　为充分、全面采集不同年龄、职业、性别的观众对展览的真实评价，盘龙城遗址博物院自开放以来，以发放调查问卷、征集观众留言等多种方式通过各大公众媒体平台收集观众意见，了解观众诉求，形成了一幅盘龙城遗址的观众画像。根据调查，我们总结发现盘龙城遗址博物院的观众群体主要由三种类型构成。

1.年轻观众和文博爱好者

盘龙城遗址博物院的年轻观众较多，既受目前年轻人中博物馆热的大势影响，也有盘龙城特殊的"地利"原因。这"地利"优势既来自武汉市丰富的大学生"储备"（武汉年在校大学生人数为 160 万人左右），也由于盘龙城遗址博物院的展览及建筑特色符合年轻人审美，"武汉小埃及"的称号通过网络社交媒体传播，吸引了大量年轻人来此参观。

虽然盘龙城遗址博物院是个年轻的博物馆，但盘龙城遗址历史悠久，在 1988 年即成为全国重点文物保护单位。近年来，盘龙城遗址博物院又先后获得全国文物保护先进集体、全国博物馆十大陈列展览精品奖、最具创新力博物馆等荣誉，在文博爱好者圈层也积累了不小名气，不少游客慕名从陕西、河南、山东等省份赶来参观学习。

年轻观众和文博爱好者不仅有分享欲，而且对于博物馆内的展览和文化有浓厚的好奇心和参与热情。为此，我们也针对这类观众推出了一些特色服务。例如在年轻人聚集的视频平台定期开展直播，线上互动回答大家关切的问题；推出面向成年人的考古领队参观课、"盘龙城论坛"讲座；开发微信语音导览等。这些尝试也得到了年轻人的肯定，很多优秀年轻人也由此感受到了博物馆的魅力，申请加入我们的志愿者队伍，在海报设计、视频制作、活动策划等领域充分发挥自己的才干。

2.老年观众

作为武汉市唯一的国家考古遗址公园，以及武汉市民的"文化后花园"，盘龙城不仅吸引着年轻人的目光，也有很多老年人为之驻足。他们有的结伴来"网红楼梯"拍照记录美好时光，有的因为故土情怀来博物馆寻根，还有的是来感受历史沧桑的变迁。

为了让这部分观众更好地参观遗址和博物院，我们开放了绿色通道，老年人可

图 4-1　小小参观者学习文明参观博物馆礼仪

凭老年证免预约参观，博物院还提供免费的轮椅服务。此外，还增加完善了园区内的标示系统等。盘龙城的展览和服务得到了"老武汉"的认可，他们有的到服务台为我们送来自己的书法作品，有的在我们的官方媒体平台留下"寻根"诗词作品，还有的逐字认真观看我们的展览，帮助我们发现了展板上武汉老地图中的地名错误。

3.家庭观众

作为武汉市首家考古遗址公园，盘龙城的特殊之处在于博物馆之外还有广阔的户外遗址公园，因此成为很多家庭周末踏青的首选。大量的家庭游客也给博物院带来了管理难题，尤其是部分"熊孩子"在展厅大声喧哗、在遗址区攀爬城墙等行为屡禁不止，对其他游客的参观造成了不少困扰，部分观众甚至留言"希望博物馆能禁止小孩参观"。

留言观众的心情我们充分理解，但是作为博物馆，我们不能也不应该把少年儿童拒之门外。为此，我们也在思考，如何在维持展厅参观秩序的同时，尽量满足少年儿童对于博物馆的求知欲。

为此，我们一方面加强对儿童行为的引导，充分动员工作人员及志愿者力量，加强巡逻和劝阻，同时在媒体平台发布通告，呼吁家长带领孩子文明参观，培养孩子的好习惯，还制作了儿童导览册，写上文明参观口诀表；另一方面保护、激发孩子的求知欲，为小朋友播下文化自信的种子，在展览设计中添加了很多儿童适宜的互动展项，上线了儿童讲解词，增加了 AR 导览设施，开发了吉祥物雪糕等，都是为了增加展览内容对孩子的吸引力，引导儿童文明参观（图4-1）。

（二）收集反馈和了解评价

　　为客观、真实了解业界和观众对于展览的评价，我们也通过座谈、交流、观众调查、网络搜集等方式广泛收集信息。整体来看，专家学者和各界游客对于盘龙城的基本陈列还是相当认可的，普遍认为通过参观展览走进了 3500 年前盘龙城人的世界，对我国灿烂的青铜文明、武汉悠久的城市历史留下了深刻印象。

1.寻根之所：探索城市和遗址的和谐并生

　　　　盘龙城的博物馆解决了遗址博物馆与城市博物馆的矛盾。

——南方科技大学教授　唐际根

　　　　多少回，常叩问，
　　　　何处去寻根？
　　　　人说那厢盘龙城，
　　　　梦里总牵魂。
　　　　殿址台，陶缸阵，
　　　　历经风和尘。
　　　　斜阳落叶天涯路，
　　　　拜祖泪雨纷。

——观众留言

盘龙城是武汉的城市之根，也是这座城市首座遗址类博物馆，它位于武汉市黄陂区，紧邻城市副中心，不论是历史底蕴还是地理位置都决定着此次办展是一次"探索遗址与城市和谐共生的挑战"，我们要打造的是城市中的遗址公园和遗址公园中的博物馆。

遗址和城市的沟通，一方面是认知上的连接，另一方面是体验上的连接。认知上，秉持为今人讲述过去的理念，我们把时光对话渗透到方方面面，大到商代盘龙城和今日武汉的环境对比，小到一件炊器的古今演变，就像是一块块或大或小的拼图，等待观众去探索，去拼合出盘龙城的前世今生。这是武汉市民与城市之根的对话，也是所有观众站在今天与远古的对话。

很多观众在参观后向我们留言表达自己的激动心情，其中有武汉本地观众，也有外地游客。在看展览前，武汉历史在大众的认知中早不过三国时代，也有人认为武汉文化源于明清时期形成的码头文化，甚至还有人将辛亥革命的武昌起义作为武汉建城发端。而通过在展厅中的参观，尤其是在看过第一展厅第三单元的"寻根大武汉"从物质文化、精神传承、地质环境等方面全面阐释悠远的盘龙城与今时的大武汉密不可分的连接之后，不少观众惊叹武汉的历史居然可以上溯到 3500 年前！有的老武汉人更是自豪感倍增："没想到我们武汉建城史这么悠久，甚至比北京、西安还早呢。"（图 4-2）

2.公共科普：让考古从田野走进展厅

我有一个特别突出的感觉，就是在这个基本陈列中，人受到了充分的重视。我们知道新博物馆学和传统博物馆学的区别就是从过去的对物的关注，转变为以人为本。我觉得这个陈列如果说创新的话，这一点是非常完备的。表现在这样几个方面：第一，对发现者的关注和尊重。一进去，我们的第一个单元第一部分就是"发现盘龙城"，特别是蓝蔚先生，直接把他的名字提出来，为把他

图 4-2 第一展厅第三单元实景

的事迹写出来，还拍了一个 3 分 59 秒的视频。我参观完了以后，就把视频拍了一遍，我很感动，讲这样一个骑自行车的文物工作者，把这个过程讲出来，在这个展览里面得到展示，我觉得这就是一种创新。第二，发掘者和研究者受到重视。非常系统的考古发掘史，非常系统的考古发掘资料，还有考古工作人员的工作环境，还有他的蚊帐。北方人对蚊帐没有什么感受，我在武汉待过我是知道的。在武汉"三个蚊子一盘菜"，冬天都要挂蚊帐，我知道的，你一看环境，就能体会到艰难。

——张礼智（西安半坡博物馆前馆长）

　　这里基本上记录了盘龙城遗址的来历，还可以看到当时那些考古人员为了发掘盘龙城，他们在怎样的房间过怎样的生活。素来我们只觉得考古很有意思，但看了这些我们才知道原来考古是那么的不容易，那么值得敬佩。
为了后人可以了解到更多历史，他们真的付出了太多努力，值得敬佩。

——大众点评网友@爱吃猫的鱼

正如前文所言，盘龙城遗址博物院出于对历代考古文博人的致敬，也是对公共考古的科普，在展厅中运用了大量的考古思维，对考古实践通过实物、示例等进行展示，尤其是第一展厅的第一、二单元，系统回顾了盘龙城遗址发现、研究的历史，同时也展示了新中国考古科学的发展进步。这可能也是国内博物馆第一次在展览的第一部分没有着眼于遗址本体，而是讲述遗址的考古学术史，也算是一种冒险。

除了在第一展厅中专辟章节系统聚焦盘龙城的考古史，考古的科普和实践其实贯穿了整个展览内容。例如，我们以考古学成果为辅助展品的内容支撑：宫殿建筑部分增加补充说明展板系统介绍了盘龙城宫殿的修建过程；饮食板块的古今炊器、食器对比滚筒传递的是夏商时代饮食考古的成果；青铜器范铸法的多媒体视频则蕴含着青铜器铸造工艺的考古发现。

很多观众发现了博物馆的用心，在社交平台，有的观众在讨论展厅中看到的考古知识，有的观众感慨着考古人员的艰辛与敬业，于情感和科学两个层面，我们都完成了一场较为成功的公共考古科普。

有意思的是，"发现盘龙城"的公共考古部分还发挥了很多公共考古之外的教育作用。有的家长在展厅进行"书法"教育，指着展厅中的考古发掘记录对孩子说，"你看以前的专家字写得多好看"；有的家长则开展了忆苦思甜教育，"当年你爸我住得就跟这专家一个条件，不容易啊，哪像你们现在"……不管家长是带着孩子来看考古、看历史还是看书法，我们都很开心，让大家认识到了考古的多面性，也为亲子家庭提供了一个温馨交流的空间，我们履行了博物馆的社会教育职责。

3.知识殿堂：设计和内容的完美融合

当我看这个展览，我忘了自己是一个设计师。因为设计在展览中已经完全跟内容融合在一起。

——陈同乐（江苏省美术馆原副馆长）

一共三个展馆，

感觉是花了心思、花了银子费心费力做出来的展览。

主要讲了盘龙城的由来，

还有很多纪实记录和还原模型。

绝对良心。

——小红书网友 @viknng

盘龙城的展览在策划之初，就摒弃了"珍宝馆"的思路，我们不希望游客来到这里，只是直观地感受到文物外观的震撼。我们更希望在扎实的学术基础支撑之上，以文物为主题，配合图文解说、3D 打印、多媒体互动等方式，让观众可以全方位、多角度地了解与文物相关的方方面面的知识。而且，观众还可以根据自己的知识背景、兴趣爱好等选择自己感兴趣的内容深入了解，如果我们提供给观众的是一片汪洋，那么哪怕观众只是蜻蜓点水式泛泛而过，也必有一番个人的收获和体味。

总体来说，对于展览的陈列内容、设计等方面，大部分观众都给予了高度评价，认为展览的内容翔实，既有专业性又有趣味性，在参观中不知不觉长了很多知识；互动设计非常用心，尤其适合家长带孩子参观；展厅空间设计合理，展线灵活，游客可自由选择参观重点。整个展览充分体现了专业化、人性化的特点。

（三）与时俱进和"云服务"场景

为提升服务水平，盘龙城遗址博物院在筹建之时即开始布局智慧博物馆建设。目前已建成面向观众的智慧票务系统、虚拟数字展厅、3D文物展示等丰富内容，以科技手段"复活"古老文明，获得观众一致好评，并获评国家考古遗址公园联盟颁发的科技创新奖和公益惠民奖。对于博物馆的展览，不同观众均有求知欲，因此在语音导览方面，我们延续策展以来一以贯之的标准，充分考虑不同人群的观展需求，满足观众多样化的求知方向，推出了丰富的导览服务。

根据展览特色，我们由专业人员草拟、策展人把关，创作了成人版、儿童版、专业版三版讲解词，为不同游客量身定制讲解内容。同时，我们为游客提供丰富多彩的讲解形式，游客可以选择由讲解员或志愿者老师带来精彩讲解，也可以选择各种讲解设备。目前面向不同人群，盘龙城遗址博物院推出了三款语音导览设备。

微信语音导览解读深入还可多次回放。盘龙城遗址博物院与"云观博"导览系统合作，推出微信语音导览，涵盖了展览所有重要文物及相关知识，对于重点内容还有专业解读，一次购买可在100天内重复收听，充分满足文博爱好者的需求。

便携笔式导览覆盖多语种且互动功能强。展厅提供的便携笔式导览可以满足中、英、日、韩、法五种语言的讲解需求。使用导览笔的游客还可以在互动大屏回顾自己的参观路线、查询相关文物信息等。还可利用便携笔参加知识问答、数字化模拟考古等小游戏。

AR眼镜导览则是现代科技和文物的完美结合。AR眼镜导览基于语音识别、自然语言处理、计算机视觉、光学显示、芯片平台、硬件设计等多领域研究，将前沿的人工智能、AR技术与行业应用相结合，将以往不可触碰的文物以更加直观的方式呈现在观众面前，优化观展体验。在佩戴AR眼镜观展过程中，观众可以随时通过语音指令唤出文物相关信息。在镜片的透视与反射之间，感受虚实的结合、古今的相遇（图4-3）。

图 4-3 小朋友们喜欢的 AR 眼镜导览

　　丰富的语音导览服务不仅服务了观众，也帮助我们不断进步和提升。从导览服务的后台系统，我们可以看到不同文物、不同点位讲解的收听率、完播率，总结观众对不同展品、展位的喜好情况，反思是否部分展品的展览方式或者讲解内容的设计上还有待提高。

二、宣传：我们和观众一起努力

（一）吸引"忠实粉丝"，以"店小二"思维做宣传

在对外宣传中，我们摒弃高高在上的说教态度，坚持以"店小二"思维做宣传，坚持"三要"原则：选题要是观众最关心的，方式要是大众喜闻乐见的，所有留言都是必须回复的。

为此，我们面向不同受众，在微信、微博、哔哩哔哩（简称 B 站）、抖音等网络媒体平台发布"盘龙城线上学堂""龙龙家的宝贝""云游盘龙城"等系列内容，围绕观众关心的话题，推出"说文识器""博物致知""南土拾遗"等栏目，深度解说展览中的文物和设计，获得了观众的广泛好评。特别是自 2021 年开始，每月定期在 B 站直播，由优秀讲解员带领观众"云游盘龙城"，既弥补了疫情影响下大量观众难以到场实地参观的遗憾，也能实时互动为大家答疑解惑，收到了很多 B 站网友的点赞和肯定。

随着发布内容观看量的上升，我们收到的留言也越来越多，每年要处理相关信息数千条。对于这些留言，我们秉持真心换真心的态度尽量一一回复。在这些留言里，我们收到过观众的肯定、感谢、欣赏、祝福，对此我们回以感谢并以此为动力继续努力；也有些留言是问题交流，对此我们一一解答，能力不足以解答的就寻求馆内专家支持；还有些留言则可能是误解、投诉、批评甚至谩骂，对此我们理解博物馆和观众之间有时可能存在信息差，真诚做好解释工作。

严谨细致的科普，耐心周到的服务，还有官方定期的互动，让我们在三年内实现"两微"平台"粉丝"数量突破 10 万人，我们也吸引了一批"忠粉"。在微博上，有文物摄影爱好者如"路客看见""止语庭除""鞠骁"等"大 V"通过拍摄精美

图 4-4　B 站"粉丝"玩"梗"创作——《盘龙大院》

的文物照片、发布图文介绍为盘龙城的展览做宣传；在小红书，擅长发现生活美好的"小红薯"们分享拍照和参观攻略；在 B 站，"粉丝"们也用 B 站用户喜闻乐见的"鬼畜"、配音等方式为盘龙城遗址博物院创作有趣的视频（图4-4）。

（二）第三方合作，扩展博物馆宣教边界

近年来，我们也积极和各大媒体合作，持续扩大展览影响力。在央视，盘龙城遗址相关的纪录片先后出现在《国宝档案》《探索·发现》等栏目，《国宝·发

图 4-5 "走进历史 纪行荆楚"海峡两岸文博创意设计大赛颁奖仪式与会嘉宾合影

现》节目组更是推出了《皇皇商邑》《巍巍商宫》《匠心工坊》《贵族墓葬》《访古探今》五集连载，全方位深度解读盘龙城遗址，也让更多人了解盘龙城、走进盘龙城。而武汉音乐广播《声动博物馆》栏目则邀请盘龙城遗址博物院专业人员创作文本、讲解员录制语音，在广播电台、学习强国、微信公众号等平台推出了《深扒3500 年前的盘龙城的"豪宅"，有多"凡尔赛"》《鼎鼎有名，"大"有名堂》《清明，"云"扫这座 3500 年前中国规格最高的墓葬》《这份"新年礼物"真能处，穿越了千年》等报道，深入解读盘龙城的宫殿建筑、酒文化、重点文物等，受到广泛好评。

　　除了媒体合作，我们也在积极探求更多元、更广泛的合作模式，利用不同平台扩展展览影响力，传播盘龙城文化。例如，承办 2022 年第二届"走进历史 纪行荆楚"海峡两岸文博创意设计大赛（图 4-5）。本次大赛以"青铜时代"为主题，立足长江青铜文明，选取了湖北省博物馆及盘龙城遗址博物院的 6 件极具代表性的文物——铜鹿角立鹤、立鸟兽面纹铜罍、曾仲斿父壶、青铜大圆鼎、绿松石镶金饰件、铜带鋬觚形器为设计素材与蓝本，面向海峡两岸的所有高校师生及所有关心、热爱历史文化并有志于从事文物文创产品设计开发的个人和单位征集创意设计。大赛于2022年4月29日正式启动，采取线上线下相结合的形式，经过公开招募、选手报名等8个阶段，最终共有1900余人报名，收到作品1893件，经过严格评选，56件作品脱颖而出，进入决赛。2023年1月6日，在盘龙城遗址博物院学术报告厅举行了大赛颁奖仪式，同时举办入围作品展。两岸青年在此次活动中传承和交流中华文化，用年轻人的方式去讲述中华文明。

三、社教：我们和观众一起创造

（一）打破部门壁垒，提升工作效益

博物院工作人员共24人，在遗址保护、考古发掘、陈列展览等工作外，宣传教育人手严重不足。为此，我们创新部门设置，立足"大宣教"思路，打破部门壁垒，避免分工掣肘，将讲解接待、对外宣传、社教活动、文创开发、志愿者管理等合并统一在宣传策划部，锻炼"一专多能"的盘龙城宣教人，从而可以高效围绕陈列展览开展宣传、社教等活动，不同领域还可通过及时反馈互相促进。宣传策划部负责人由专业的考古专业毕业生担任，保证宣传和社教的专业度，同时可以加强对志愿者和讲解员的培训，增强展览的社会教育功能。尤其是各位志愿者在经过专业培训后，和博物馆宣教人员合作，利用自身丰富

图 4-6　志愿者老师组织社教活动

才干，推出了包含国学、手工、戏曲在内的各种活动，极大丰富了博物馆社教活动的类型（图4-6）。同时，由考古研究部、陈列保管部专业人员作为宣教部门"顾问小组"，为展览的宣传、社教、文创等工作提供专业支持和质量保证。

（二）以考古切入做内容，打造品牌活动

"江汉泱泱　商邑煌煌"展览的突出特色是立足考古的遗址类博物馆展示，在盘龙城的社教体系搭建中也延续了这一思路。为了开展科学的考古社教活动，我们在遗址公园和博物院建设时就做出了相关规划。在遗址公园内，建设有考古互动体验区（图4-7），内含模拟探方区、制陶体验区、授课区、家长休憩区等，建筑外形古朴，场地宽阔，可同时容纳数百人进行活动。在博物院内，设有学术报告厅、考古大讲堂、互动教室等具有针对性的活动空间，为开展社教活动提供了极好的硬件条件。围绕"考古"和"盘龙城文化"两大主题，我们推出了三项品牌活动。

"小小考古人　考古盘龙城"面向中小学生，由具备考古学背景的工作人员设计，在考古专家把关下，开发了田野考古、远古陶器、商代文化等系列课程，同时还不定期邀请盘龙城考古工作队执行领队现场讲解授课，并将继续推出文物修复、拓印等课程，形成从考古调查到考古报告撰写的全线考古体验活动。根据完成课程数量为参与活动的学生授予从"考古小白"层层升级至"考古小领队"的荣誉徽章，帮助有志于了解考古学的中小学生形成基础认知，种下一颗考古的种子。也许不久的将来，这小小的种子就会发芽成长为参天大树（图4-8）。

"盘龙城论坛"则面向成人文博爱好者，邀请中国社会科学院王仁湘教授、武汉大学张昌平教授、金沙遗址博物馆王方馆长等考古界"大咖"为武汉市民带来考古学前沿讲座。为了让讲座惠及更多的文博爱好者，线下开讲的同时我们也在B站、微博等平台进行线上直播，获得了不少关注（图4-9）。

"盘龙城文化五进"则通过临时展览、合作课程、社区党课的形式，将盘龙城文化送到中小学校、企业、社区，为更多人送去身边的文博知识，让市民进一步了解"武汉城市之根"的悠久历史。

图 4-7　遗址公园内的互动体验区（上）

图 4-8　模拟盘龙城遗址挖掘（左下）

图 4-9　考古领队现场讲解（右下）

（三）让观众成为创造者

虽然我们习惯性地把博物馆开展的各类活动统称为社会教育活动，但是博物馆毕竟不同于学校，这不是一个单纯的一方输出一方吸收的知识空间，而是一个馆方和观众共同努力，传承、传播中华优秀文化的场域。所以我们也在探索如何在陈列展览中更充分地调动观众的积极性，使其充分参与其中、融入其中。

连续三年举行的"我心映我城"作品征集活动就是我们做出的积极尝试之一。"我心映我城"的名字蕴含着我们的期望，希望每一位来盘龙城参观展览的观众都能感受到这座城不单是国家的、是工作人员日常维护的，更是我们每个人都拥有的宝贵文化遗产。当我们置身陈列中，我们不仅可以感受历史的沉淀，体味文化的魅力，还可以用每个人自己的方式去理解、阐释、传播、分享这份文化，不论是诗歌、绘画，还是书法、舞蹈，这些作品都将成为博物馆文化的一部分。

"我心映我城"得到了大量观众的支持，我们收到了来自五湖四海不同年龄、不同背景观众的各类作品，讲述着"一千个人眼中的盘龙城"。在这里也分享几件让我们印象非常深刻的作品。

2020 年的一等奖作品是来自湖北大学艺术学院学生团队的文创设计作品。他们根据在展览现场参观学习的成果，融汇自身专业所长，根据盘龙城出土文物纹饰，设计了一系列独具匠心的作品，包含首饰、徽章、纪念杯垫、鼠标垫等（图 4-10）。

2021 年的一等奖作品是志愿者石杰投稿的摄影作品《残·美》。这组图除了光影和构图上的特色之外，让评委青睐的还有创作者独特的关注视角，他的镜头没有驻足在大众喜欢的青铜重器等镇馆之宝上，而是聚焦残破的陶器，关注到了文物的残缺美中所蕴含的历史文化信息，这也契合了我们在策展选择展品时的心意。

纪念品系列

纪念品系列针对消费者的消费习惯，设计出的产品必须符合市场、贴近生活并符合文化底蕴，不同年龄、人群对应不同文创产品，将文明的精髓浓缩进不同产品中，为消费人群设计出具有实用性的产品。纪念水杯、鼠标垫、餐盘、婴儿围兜、杯垫等产品在融入盘龙城遗址的文化精髓的同时具备很强的实用性。

盘龙城遗址纪念杯　　　　　　　　　　　铜镶鼠标垫

盘龙城遗址纪念餐盘　　　　　　　　　　饕餮婴儿围兜

盘龙城遗址纪念杯垫　　　　　　　　　　盘龙城遗址纪念杯垫

图 4-10　学生设计的文创作品之一

江汉泱泱 商邑煌煌

The Broad Yangtze River and
the Hanshui River
Magnificent Town of
the Shang Dynasty

结语

文章得失寸心知

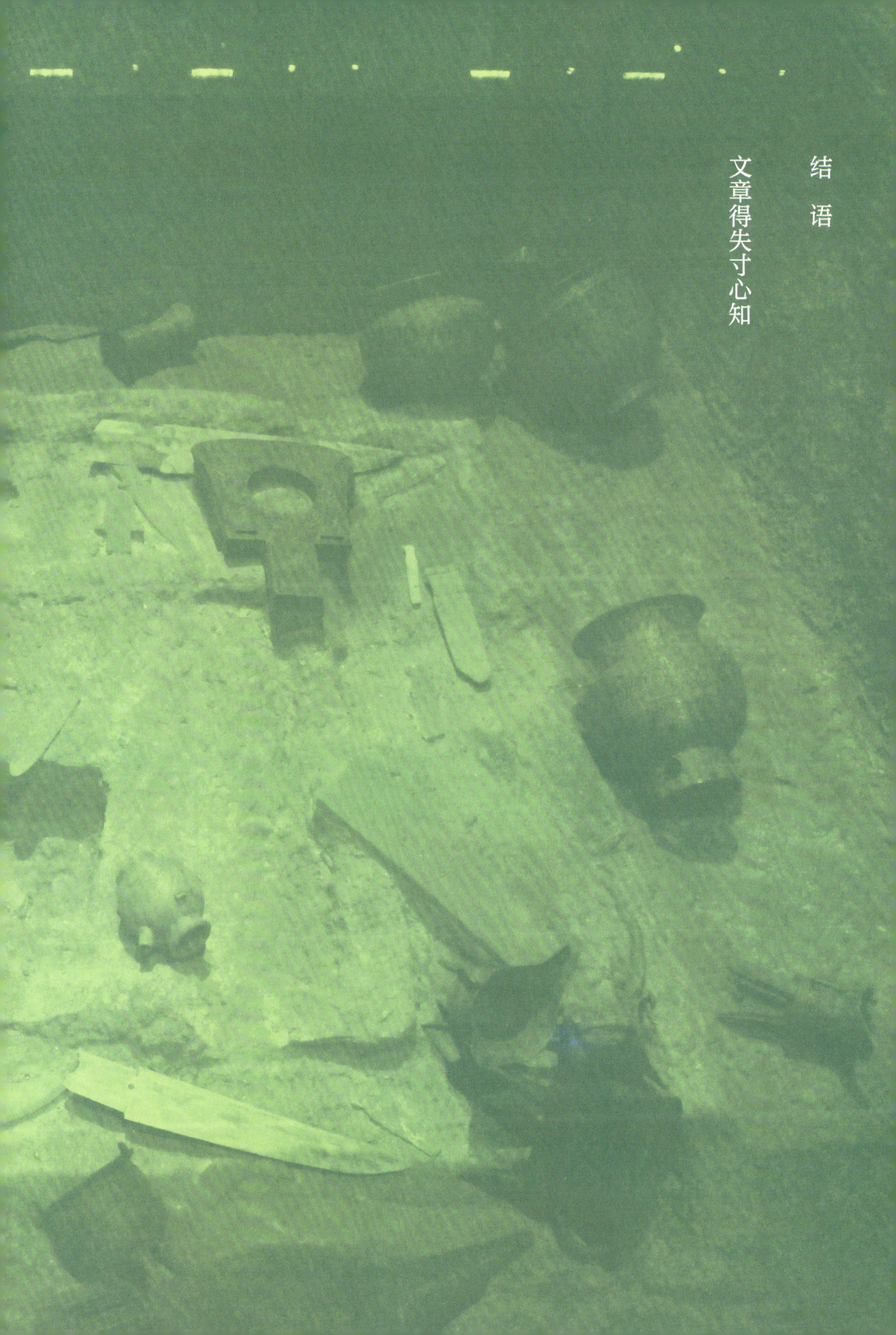

　　我们精心打造的"江汉泱泱　商邑煌煌——盘龙城遗址陈列"做到了今人与古人跨越时空的对话，作为考古遗址博物馆常设展览，最大限度地实现了遗址与公园、历史与人文、保护与展示、古代文明与现代文明的融合交汇。展览对外开放四年多来好评如潮，迄今为止，参观人数已逾300万人次。尽管得到大家的普遍认可，但在策展过程中，我们也存在一些不足，留下了一些遗憾，同时也收获了许多感悟与思考，在此一并与大家分享。

一、不足与遗憾

（一）展品陈列的不足

　　由于历史原因，盘龙城遗址博物院基本陈列文物数量略显不足。尽管湖北省博物馆给予了很大的帮助，提供了近百件展品，但盘龙城李家嘴2号墓、杨家湾11号墓出土的成组青铜器此次仍未能一并展出。最为遗憾的是，我们没能上展李家嘴 3 号墓出土的大玉戈，它是目前我国商时期所见最大的一件玉戈，与三星堆遗址出土的大玉璋齐名，也是我国首批禁止出境文物。这些代表盘龙城文化特征的珍贵文物不能在遗址出土地展出，不能不说是一件憾事。如果能将这些文物尽数展示，那么展览的视觉冲击力应当会更上一个层级。我们和广大观众一样，期盼下一次对展览修订调整时，能在其中看到它们精美的身姿。

第三展厅"角立南土"，将盘龙城置于整个夏商大环境下，展示盘龙城文化与中原及长江流域各遗址的关系，这是一个非常宏大的学术命题。我们为此借展了许多相关遗址的文物，通过对比展示令观众可以直观感受不同遗址之间的文化交融。然而长时间借展其他遗址的文物终究不是长久之计。如何解决这个问题，也是考古遗址类博物馆文物展示面临的难题。

（二）设计施工的遗憾

一个展览，无论展览文本和设计方案多么精彩，最终决定展览效果的还是施工。在进入最后实践阶段以前，很多问题是无法暴露出来的。展览制作之中总是存在一些不可预见的突发情况。比如说，为了减少对遗址的影响、降低存在感，盘龙城遗址博物院的展馆建筑做成了消隐式的，展厅都位于一楼，并且周边自然环境优越，临水临湖，到了雨季，空气湿度比一般的南方展馆还要更大一些，常规的工序难以避免部分建材、彩立面出现受潮或者卷边等情况。我们不得不根据实际情况，增加工序，重新施工。另外，现在的展览普遍应用多媒体技术，电子产品的调试也是展览中常见的考验，我们的多媒体展项中又有异形屏投影，投影的校正难度比规则矩形面投影大了很多。

此外，展览制作中也时常存在增项与减项。有些设计方案的效果看起来很好，但是总会因为技术、资金、时间、实时发生的事件等限制而在施工阶段无法实现。

为了增强展览互动性和趣味性，我们曾经设计过人体感应互动类游戏，即通过设备感应观众动作的交互游戏，也有应用 VR 技术的装置体验项目，如果做得好，效果是极佳的。但诸如此类的技术仍不成熟，成本较高，如何应用在博物馆并和展览融合在一起还处于探索阶段。在施工阶段，我们发现设备条件跟不上，并且维护成本高，设备本身脆弱，安全性也成问题，原来的一些设计无法实施，人体感应互动类游戏变成了普通的地面投影，VR 装置体验项目也取消了。

在我们展览的尾厅，原本预留出空间拟定展出殷墟出土马车，以此呼应潮生中原，进一步深化整个展览的内涵，把观展情绪引向高潮。但临近开展，各种阴差阳错之下，未能成功借展。我们不得不紧急调整方案，增设艺术展项，以解构的马车装置表达同等的意象……

这些遗憾也提醒我们，展览永远要有备用方案，并且最好要有不止一套的备用方案。

二、感悟与思考

（一）做怎样的展览？

盘龙城遗址考古、大遗址保护、遗址博物馆建设，见证了几十年来中国文物考古和博物馆事业的发展。随着大遗址保护与国家考古遗址公园建设方兴未艾，考古遗址类博物馆的展陈也越来越受到广泛关注。如何处理学术和通俗的表述？如何处理遗址展示和博物馆展示？如何处理考古研究中不可考问题的展示？……还有一些看似与展览没有太大关系的问题，如国家考古遗址公园建设、考古遗址博物馆选址、考古遗址博物馆建筑设计、文化元素的应用等，其实都影响着基本陈列的展示效果。

考古遗址类博物馆只有在加强考古研究和历史研究的基础上，深入发掘遗址的突出普遍价值，并以此为指引开展保护、展示工作，才能充分展现遗址自身的文化价值，才能绽放出各具特色的文化魅力。

通过策划盘龙城遗址陈列，我们清楚地认识到，一个考古遗址博物馆的常设展览必须以考古成果为依托，以遗址解读为使命，以通俗化表达为目标，打造出"以专业思路立意，以公众意识落地，兼顾学术性、艺术性、互动性"，让观众有所好、有所思、有所念的展览，才能令考古成果惠及大众。

（二）如何做好？

有了明确的策展理念，如何将理念转化为实践，完全有赖于策展团队的努力。考古遗址类博物馆的人员构成大多相对薄弱，我们作为一个新单位，更是面临人员短缺，经验不足的窘境。

我们先后从全国高校考古专业招聘了十来位年轻人，壮大了策展团队。这些小伙伴加入盘龙城之初，都属于展陈小组，没有部门职能的隔阂，充分发挥主观能动性，激发创造力与活力，依据策展进程的不同阶段，认领了不同的任务，并在这个过程中逐渐显现出各自所长。

首先，展陈小组通力合作，完成了最紧要的大纲深化工作。其次，进入设计阶段后，我们开创了"考古与设计深度结合"的工作模式。在展览设计期间，我们制定了"每周一会，每日一人"的工作制度。"每周一会"指设计团队每周汇报工作成果，由展陈小组集体讨论审核；"每日一人"指展陈小组每天排班由一名具有考古学背景的工作人员陪同设计人员开展工作，随时解答设计团队的专业性困惑。通过这样的制度，有效破解了设计团队不熟悉专业内容，设计成果难以达到展览初衷的难题。最后，到了施工阶段，展览接近尾声，展陈小组成员也有了明晰的职能归属，能够胜任保管、宣教、陈列等不同的工作。并依据自己负责的不同板块，对艺术品、多媒体、文本彩立面、文物等进行一对一跟踪负责。

我们通过常设展览策划，让策展人员积累办展经验，培养独立办展能力，形成策展团队。如今，无论是常展的调整，还是临展的策划，我们都具有完全的独立自主能力。

可以说，当初的展陈小组决定了展览的走向，而展览也决定了展陈小组的成长。在此，我们也特别邀请展陈小组成员回顾当年策展的心路历程，记录下自己的心声与感悟。

> 艺术品展项是陈列展览的重要组成部分，各种形式丰富的艺术品展项对解读文物与展览具有很大的辅助意义。我有幸参加了"江汉泱泱　商邑煌煌——盘龙城遗址陈列"艺术品展项的相关工作，了解艺术品展项创作的全流程。在这里简单说说我的感受吧。首先，要熟悉上展文物及其所要表达的文化内涵，尽可能全面地搜集、整理相关资料，给创作奠定基础；其次，要正确理解文物与艺术品之间的关系，并从展览陈列的实际出发选择合适的形式进行艺术创作；最后，艺术品展项的创作与放置要兼顾展厅设计环境，不仅在内容上要做到和谐统一，更应在空间上与展厅整体和谐统一。在搜集资料的过程中，我更加深入地了解了盘龙城遗址乃至商文化的内涵，对策展的具体工作内容和方式也有了进一步的认识。
>
> ——白　雪

　　毕业前夕，我接到博物院负责人事工作的同事打来的电话，说馆里的工作比较紧急，催促我尽快到岗。于是一早收拾完行李，不顾积水没过小腿的大雨，由家人驱车200公里将我送到了盘龙城遗址博物院报到，很快我就得到了第一个任务——为展览大纲的第三展厅部分补充内容，并参与第三展厅的形式设计工作。撰写展览文本本身就是对盘龙城的考古成果、历史意义总结的过程，这场展览可以说是一次空前的学术整理。这样一个"紧急任务"让我从观展者快速转变身份，亲身体验了办展历程，看着黑白文字跃然于展厅中，目睹博物馆从毛坯到施工成型再到布展开放，不由心生喜悦。我从中既积累了经验也吸取了教训，展览开放后也产生了新的思考：第三展厅"角立南土"是将盘龙城遗址置于整个夏商历史背景中探讨其地位，因此借展来自郑州商城、小双桥遗址、三星堆遗址、荆南寺遗址等重要遗址的出土文物，创意极佳但也遗留下一些难题，在文物借展到期后，怎么将缺失的部分补充起来？如何改陈？第三展厅展品数量较少也会减弱观众的观展热情……这些都需要重新考虑，有待日后提升。

——程酪茜

　　在筹备展览的七年时间里，我们对陈列方案不断地完善、升华，讲述盘龙城的故事，聆听观众的需求。盘龙城文博人从无到有、精耕细作，以专业的知识、饱满的状态，克服了展览筹备过程中的重重挑战，每个人都从中得到了历练与成长。此刻，有人或许正在策划即将引进的临展，揭开某个文明的神秘面纱；有人或许正在库房内观察某一件红陶杯，破译盘龙城先民留存的密码；有人或许正在互动体验区内授课，解读盘龙城先民的生产生活……盘龙城遗址博物院基本陈列的筹划制作引领一代人、影响一群人。

——王　颖

　　我自 2017 年进入单位工作，即开始作为策展团队一员参与新馆基本陈列策展工作。策划一个遗址博物馆的常设展览，前期对该遗址相关资料的整理至关重要。湖北省博物馆盘龙城考古工作站进行过几次重要考古发掘，为了此次策展，我们从湖北省博物馆借来了以往的发掘资料。得益于他们对考古资料的妥善保管，我们得以找到北京大学 1974 年、1976 年两次考古实习的发掘资料。这批材料中，有时任带队老师、后来成为中国历史博物馆馆长的俞伟超先生的领队日志，有张柏、高崇文、刘绪等人的探方发掘记录。我对这些资料进行了全面整理并扫描存档，将纸质资料在第一展厅进行展示。

　　作为遗址博物馆的同时，我们也是"考古博物馆"，是市民观众接近考古遗址、感受考古工作的一个绝佳场所。为此我们采访了在 20 世纪八九十年代曾经担任盘龙城工作站站长的陈贤一先生，了解当时考古人的工作条件，复原了一间陈贤一先生的房间，其中摆放了当时的办公桌、床铺、自行车、工作袋、考古绘图工具、蓑衣、蚊帐等物品。

　　展厅施工团队进场时博物馆建设尚未完工，现场协调施工问题就很有必要，我基本每天到新馆查看，记录施工进度，将施工团队遇到的问题向院领导反馈，及时进行处理。同时，展厅从毛坯到整体完工也是一次华丽的蜕变，进行影像资料记录就变得很有意义。基本陈列有三个展厅，每次巡查我都会在展厅入口位置以固定视角进行大场景拍摄，一张张影像照片有如幻灯片，记录下展览从无到有的全过程。

——郭　剑

　　在展陈小组工作的日子对于我来说是一个快速成长的时期，其实之前一直学习考古学专业内容，对于展览是一窍不通，所以工作也是一个学习的过程。2017 年 6 月论文答辩结束我就来单位报到了，报到的那天，刚好是我们正式和设计团队达成合作，展览各项工作正式起步的一天，我和这个展览的渊源就开始了。每每想起，都觉得自己很幸运，刚毕业就能进一家新的博物馆，遇到很好的领导和同事，一起看着展览和博物馆一点点做起来。尤其是最初的一年，是我工作后最快乐的日子，一边工作一边吸收各种博物馆相关的知识，一群志同道合的同事在两位院长的带领下积极工作，每周大家会一起集思广益、"头脑风暴"，集中精力做好策展这一件事。

做展览比写论文更难，因为论文只要求专业性即可，展览还要求大众性，在展览内容的创作上既要保证材料的真实严谨，又要考虑如何以大众能够接受的方式展示呈现。记得当时为了搜集武汉洪水相关的资料，我们去过档案馆翻找当时的材料，还翻阅了很多当时的书，虽然洪水只是第一展厅第一单元的引子，但是科学性的要求不容我们马虎。

展览是对各方面能力的综合考验，除了专业知识的掌握，还对文学素养、审美能力、信息搜集能力等有一定要求。我们都习惯了使用考古学语言，讲究一个朴素准确，但是其用在展览中并不合适，导致我们的刘森淼院长不得不自己提笔写前言，感叹一个个都没有飞扬的文采。

做展览也改变了我的很多习惯。比如以前去参观博物馆，我只会关注文物，后来就既要看文物也要看展览，至于现在还要看人家的文创宣传等就是后话了……

——宋若虹

我于 2017 年 10 月进入盘龙城遗址博物院工作，参与的第一个重大项目就是博物院的基本陈列。因为不懂，所以什么都好奇，也十分努力不敢懈怠，现在回想起来，感悟颇多。

展览就如一幅水彩画，画什么，用什么颜色，每个人都有想法，在多数时候，这些想法都是可行的，无对错之分，可画幅就那么大，必须懂得取舍。所以确定好了策展方向，就必须坚定不移地朝前走，路途中你可以倾听声音，锦上添花，但绝不能自乱阵脚，另投他途。画的人重要，手中的画笔也同样重要，展览中我主要负责多媒体展项工作，多媒体展项共计32项，内容丰富，其中视频投影16项，互动查询系统10项，互动游戏4项，VR和全息投影虚拟展示2项，其内容专业性和设计要求较高，设计面临很大挑战，设计方就如我们手中的画笔，如果质量过差，或者我们的指令没有正确传达，沟通凝滞，最后的"画"会和我们的预期大相径庭。所以一个展览，只要执笔的人和画笔不差，那么这个展览也不会差到哪里去。

——廖　航

文物藏品是博物馆展览存在的基础，为建立一套高品质的展品体系，我们在展品遴选和展出方式上下足了功夫。我们从观众需求角度出发，落到盘龙城青铜文化解读上。让文物自身说话，融入故事、场景中，产生还原、立体的展示效果，但又不生硬，也给专业观众留下观看的空间。

由于自身馆藏文物少，我院在筹办基本陈列展的过程中面临着重重窘境：重点文物稀缺，文物出土单位、种类不系统，展览文物缺失、缺环现象严重。为了办好展览，一方面，我院组织精干的业务骨干筹划展览大纲，并聘请国内知名的考古文博专家顾问团进行科研攻关，深入研究阐释盘龙城遗址青铜文化内涵和面貌，通过图文、多媒体、场景等全方位展示，在有限的现实条件下，最大限度还原盘龙城文化。但一切高科技的辅助手段，都无法与文物自身的魅力相媲美。另一方面，我院积极争取省、市政府和主管部门的支持，借展了200多件（套）相关文物，占了整个展览上展文物的三分之一，其中所借盘龙城遗址出土文物仅85件。借展期间每年需支付七八十万元的文物借展费，增加了我院的运营负担。展出重点文物少，难以体现盘龙城青铜文化精髓和盘龙城的历史地位，削弱了观众直观体验盘龙城作为"武汉城市之根"的说服力，目前还面临借展文物到期返还的问题。如果说有遗憾的地方，那就是很多盘龙城的精品文物没能回到遗址展出，心有不甘啊。

——付海龙

无论何时，回望这段盘龙城遗址陈列的策展经历，我们每个人最深的感触就是"幸运"。在城市扩张突飞猛进的今天，能够将整个遗址区悉数纳入保护范围，建设考古遗址公园，打造配套展览，盘龙城是幸运的。在刚刚走出校园，参加工作之际，就能深度参与到如此庞大而重要的工程中，我们更是幸运的。2018年，我刚刚来到盘龙城的时候，展览工作正处于最紧张的阶段，调整大纲，确定展品、展项，施工与布展……根本没有实习过渡期，很难想象，我接到的第一个任务就是修改大纲文本。此后的每一天，都在不断"解锁"新技能，从文本到施工，我们这些"前考古人"，迅速从入门到熟练，到年底布展之时，已经能熟知宣绒和油画布的优劣，UV、PVC、亚克力各自适配的最佳场景……很多次，展陈例会结束后，踩着月光，从考古工作站走出寂静的公园，那个时候，我们心怀所念，都是想象着这偌大的遗址不再沉寂的未来。很幸运，最终的结果比我们所能想象到的还要更好一些。

我们始终希望，能以丰富的历史沉淀、秀美的自然风光、精彩的文化展览、贴心的配套服务吸引八方游客。大家来到盘龙城，赏古迹、观展览、亲自然、照本心，聆听古今武汉的文明对话，感受长江文脉的历史传承，领略中华文明的璀璨浩瀚。

——李　琪

后　记

　　"中国博物馆陈列展览精品·策展笔记"丛书，由中国博物馆协会着力打造，旨在形象展示我国博物馆陈列展览事业的发展成就与发展态势，为相关从业人员提供借鉴参考，为广大社会公众提供了解博物馆幕后工作、领会博物馆展陈之美的形象窗口。盘龙城遗址博物院很荣幸能够成为首批撰写单位之一。

　　本书以"江汉泱泱　商邑煌煌——盘龙城遗址陈列"为依托，全面总结与回顾展览策展实践，全书分为引言、导览、策展、观展、结语五个部分，首次完整展现立项、筹备、策展、布展、开放、不断升级改造等各阶段，多视角解读展览特色与亮点，生动形象地重现盘龙城遗址陈列策展历程。盘龙城遗址博物院高度重视此次编撰工作，重组展览核心创作班底——展陈小组，以展览主创人员的第一视角，梳理和升华策展全程，通过策展人员台前幕后的种种思考，直面遗址博物馆展陈的痛点与难点，共同探索考古成果转化之路。

　　本书撰写人员悉数为展览策划及创作人员。第一章引言，万琳撰写；第二章第一节，廖航、王颖撰写，第二节、第三节，吕宁晨撰写，第四节，廖航撰写；第三章第一节，李琪撰写，第二节，程酩茜撰写，第三节，沈美辰撰写；第四章，宋若虹撰写；第五章，李琪撰写。本书图片资料由郭剑提供，文物资料由付海龙提供，李琪对全书进行修改和统稿。

　　展览是一个博物馆的吸引力和生命力所在，盘龙城遗址博物院作为一个年轻的新馆，坚持以学术立馆，不断探索与实践。本书的编写，对我们来说也是一次宝贵的机会，有助于展览内容的提升，为盘龙城遗址陈列注入新的活力。

　　在本书的编撰过程中，中国博物馆协会刘曙光理事长、上海大学现代城市展陈设计研究院执行院长李黎研究员、浙江大学艺术与考古学院"百人计划"

研究员毛若寒博士、浙江大学出版社陈佩钰编辑等专家学者给予了我们极大的支持与帮助。在此，我们诚挚地感谢在本次策展笔记出版过程中不辞辛劳、全情付出的每一位工作人员。

　　由于时间仓促且受作者水平的限制，本书难免存在错漏和不足，敬请专家和读者指正。